JN333506

地域包括ケアを実現する

高齢者健康コミュニティ

いつまでも自分らしく生きる新しい老いのかたち

馬場園明・窪田昌行

九州大学出版会

はじめに

私たちは、高齢者のニーズにあったケアの形として米国のＣＣＲＣ（Continuing Care Retirement Community）の理念や方法論をわが国に導入することを提案してきました。ＣＣＲＣとは、「継続したケア」という理念に基づいて、「住民が年齢を重ねるごとに変わっていくニーズに応じて、生活支援・健康支援・介護・医療サービスなどを総合的に提供していく施設サービスのシステム」です。

高齢者に病気や障害が起こり、病院・施設に入院・入所したりすることによって、トランスファーショックが起こることが知られています。トランスファーショックとは、「適応能力が低下した高齢者の環境が大きく変化すると精神的な落ち込みが起こる現象」です。そして、活動が低下し、認知症が進行したり、孤独に苛まれて悲しむことになったりします。同じ場所で継続したケアを行うことのできるＣＣＲＣでは、高齢者が環境を変える必要がなくなるのでトランスファーショックを防ぐことができます。

体力等が衰えていく高齢者に対し、「可能なかぎり自立を支援」するために、自立して生活できる段階から支援や介護が必要な段階まで、「同じ場所で生活の活動レベルによって住まいやサービスを替えていく」というアイデアは普遍性があると考えられます。一方、日本の介護施設の問題は、さまざまな生活の活動レベルの高齢者に対して同様のサービスを提供しており、住まいとケアの場が同じであることです。このためサービスのヴァリエーションに乏しく、住まいやサービスの選択ができないために、「意思が尊重される」というよりも、「収容して管理される」といったイメージが強いものでした。

そこで、私たちは、ＣＣＲＣの理念を取り入れた「高齢者健康コミュニティ」を構想してきました。「高齢者健康コミュニティ」の理念は、「高齢者の生活が継続できるようにケアを行い、自分の人生で起こったことを前向きに肯定して統合すること」を支援することです。すなわち、たとえ現在万全の状態ではないにしても、それを受け入れられずに消極的になるのではなく「高齢者が自分の人生はよいことも辛いこともあった。さまざまな方にお世話になったが自分も社会に貢献できた。生まれてきてよかったと統合すること」を支援するのです。そして、「本人の意思の尊重」、「残存機能を活用した自立支援」、「生活とケアの連続性の維持」を「高齢者健康コミュニティ」の三大原則とします。「高齢者健康コミュニティ」の定義は、「生活支援・健康支援・介護・医療サービスを提供する複合施設と自立型、支援型、介護型高齢者住宅および高齢者の自宅をネットワークで結び、地域包括ケアシステムの機能を満たすコミュニティ」とします。すなわち、「高齢者が年を経るごとに変わっていくニーズに応じて、継続して同じ場所で自分の意思が尊重された生活ができるように、介護の機能をもつ高齢者住宅、リハビリテーション施設、介護事業所、地域交流センター、在宅療養支援診療所、訪問看護ステーションなどを備えた複合施設を核として、他の自立型、支援型、介護型の高齢者住宅、高齢者の自宅および病院をネットワークで結び、地域包括ケアの機能も果たす一連のシステム」なのです。

高齢者を支援することは、高齢者が病気を避け、意義のある生活をし、自分の人生が価値あるものであったと受け入れるための本人と支援者の共同作業です。相手の立場にたって、どうしたら生活の質・人生の質を上げられるかを検討していく必要があります。それには、「疾病や障害の予防の支援」や「こころのケア」に、「ホームベース型健康支援」を用いることが効果的だと思います。「ホームベース型健康支援」の定義は、「自らの生活の場（Home）という安心・安定した環境の中で、本人自身の内発的動機づけを尊重し、目標達成型で生活習慣の改善をめざしてもらい、支援者は本人ができることをできるように支援すること」です。「ホームベース型健康支援」のポイントは、「目標達成」です。問題を明確にし、「自分がどうなりたいか」「どうしたらできそうか」について考えてもらって、目標を設定し、それを達成し、「成功体験」を積み重ねていくのがこのモデルの構造です。

「生活支援・健康支援・介護・医療サービスを提供する複合施設と自立型、支援型、介護型高齢者住宅や高齢者の自宅とをネットワークで結び、地域包括ケアシステムの機能」を満たす「高齢者健康コミュニティ」で、高齢者の「疾病や障害の予防の支援」や「こころのケア」に、「ホームベース型健康支援」を用いることは、高齢者の生活の質・人生の質の向上に大きく貢献すると思われます。将来は、日本のどこでも高齢者の意思が尊重され、変化していくニーズに対応して、同じ場所で継続的にケアを行っていくことができるようになることを期待したいと思います。

この本の著者である馬場園と窪田は1992年、米国のペンシルバニア大学に留学していた時代に知り合い、問題の多いわが国の高齢者ケアを改革する方法を考え続けてきました。20年の月日がたち、ようやくわが国における高齢者ケアの形を「高齢者健康コミュニティ」として形にすることができました。もちろんこのアイデアは国内のみならず、国外のさまざまな高齢者ケアを行っている方の経験を参考にしたものです。お世話になったすべての方に感謝したいと思います。

2014年5月

馬場園　明

目次

第1章

わが国の高齢者を取り巻く状況と高齢者ケアの問題点

人口動態の変化と高齢化にともなう問題

日本の高齢化のスピードは先進国においてもっとも速いことが知られています。１９９０年の65歳以上人口は１４８９万人（総人口の12・０％）、75歳以上人口は５９７万人（４・８％）でしたが、２０１０年には65歳以上人口は２９４８万人（23・０％）、75歳以上人口も１４１９万人（11・１％）となっています。[1] 一方、１９９０年の出生数は１２２万人、死亡数は82万人でしたが、２０１０年の出生数は１０９万人に減少し、死亡数は１１１４万人に達しています。[1]

２０１２年1月に国立社会保障・人口問題研究所が発表した出生中位・死亡中位推計によると、[2] ２０２５年には65歳以上人口は３６５７万人（30・４％）、75歳以上人口は２１７９万人（18・１％）となります。一方、出生数は94万人、死亡数は１５４万人になると推計されています。医療サービスや介護サービスのニーズの高い75歳以上の高齢者数（割合）に限れば、２０３５年に２２４５万人（20・０％）、２０４５年に２２５７万人（22・１％）、２０５５年に２４０１万人（24・６％）、となります。すなわち、疾病や障害のリスクの高い後期高齢者が急増し、それを支える人口は減少することになります。

図1に、２００７年と、２０１２年の前期高齢者、後期高齢者の数と、それぞれについて、自立している高齢者、支援・介護を必要とする高齢者の数を示します。[3] なお、表1に要支援・要介護度と、それぞれのレベルにおいて介護に要する時間を示しました。生活支援を必要とする高齢者を要支援1から要介護1までとし、介護を必要とする人数を要介護2以上としました。２００７年から２０１２年にかけて、前期高齢者は１４４７

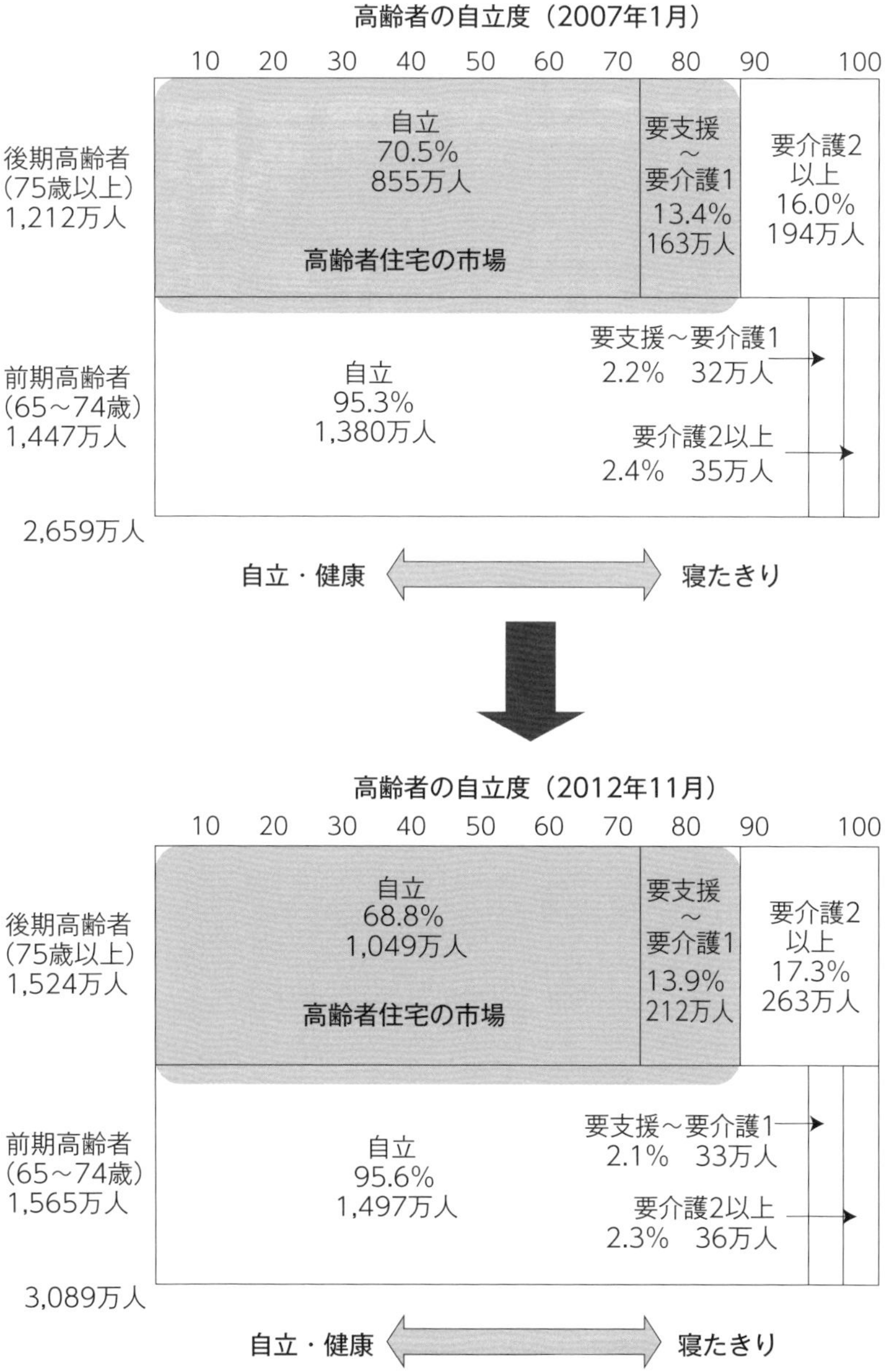
高齢者の自立度（2007年1月）
10 20 30 40 50 60 70 80 90 100
後期高齢者
（75歳以上）
1,212万人
自立
70.5%
855万人
高齢者住宅の市場
要支援
～
要介護1
13.4%
163万人
要介護2
以上
16.0%
194万人
前期高齢者
（65～74歳）
1,447万人
自立
95.3%
1,380万人
要支援～要介護1
2.2%　32万人
要介護2以上
2.4%　35万人
2,659万人
自立・健康
寝たきり
高齢者の自立度（2012年11月）
10 20 30 40 50 60 70 80 90 100
後期高齢者
（75歳以上）
1,524万人
自立
68.8%
1,049万人
高齢者住宅の市場
要支援
～
要介護1
13.9%
212万人
要介護2
以上
17.3%
263万人
前期高齢者
（65～74歳）
1,565万人
自立
95.6%
1,497万人
要支援～要介護1
2.1%　33万人
要介護2以上
2.3%　36万人
3,089万人
自立・健康
寝たきり

図１　前期・後期高齢者ごとの３つのニーズに対する人数
（2007・2012年の比較）

表1　要支援・要介護度と介護に要する時間，日常生活レベル

状態区分	介護に要する時間	日常生活レベル
要支援 1	25 分以上 32 分未満	日常生活の一部に介護が必要であるが，介護サービスを適切に利用すれば心身の機能の維持・改善が見込める。
要支援 2	32 分以上 50 分未満	
要介護 1	32 分以上 50 分未満	立ち上がりや歩行が不安定で，排泄や入浴などに部分的介助が必要である。
要介護 2	50 分以上 70 分未満	立ち上がりや歩行が自力では困難で，排泄や入浴などに一部または全介助が必要である。
要介護 3	70 分以上 90 分未満	立ち上がりや歩行などが自力ではできない。排泄・入浴・衣服の着脱など全面的介助が必要である。
要介護 4	90 分以上 110 分未満	日常生活の低下がみられ，排泄・入浴・衣服の着脱など全般に全面的介助が必要である。
要介護 5	110 分以上	日常生活全般について全面的介助が必要である。意思の伝達も困難である。

出所：(1)

万人から1565万人と1118万人の増加ですが、後期高齢者は、1212万人から1524万人と312万人の増加となります。また、自立した後期高齢者がこの5年間で194万人、要介護2以上の介護を必要とする後期高齢者が69万人増えていることがわかります。また、2012年のデータによれば、自立した高齢者は、前期高齢者では95・6%、後期高齢者では68・8%となることがわかります。さらに、要支援以上の高齢者は、前期高齢者では4・4%、後期高齢者では、31・2%と高くなります。このうち、介護ニーズの高い要介護2以上の高齢者は、前期高齢者は全体の2・3%ですが、後期高齢者では、全体の17・3%となります。ちなみに、1947〜49年生まれの団塊の世代と呼ばれる方のうち、1947年生まれの268万人の方が65歳以上高齢者になっています。団塊の世代は８０６万人にものぼり、これから12年後の２０２５年（平成36年）には支援・介護を必要とする後期高齢者がおよそ８００万人も増加することになり、新たな対応が迫られます。

また、高齢者のみの世帯も急速に変化しています。[4] １９９０年には単身世帯は全世帯の11％、夫婦のみの世帯は16％でしたが、２００９年には単身世帯は23％、夫婦のみの世帯は30％となっていました。そして、１９９０年には単身世帯高齢者は91万人、夫婦のみの世帯高齢者は13万８０００人でしたが、２００９年には単身世帯高齢者は４６３万１０００人、夫婦のみの世帯高齢者は５９９万２０００人と増加しています。

そして高齢になると、不慮の事故のリスクも高くなっています。[5] 不慮の事故の死亡率（人口10万あたり）は、65～69歳の階層では総数は35・３、交通事故が８・９、転倒・転落が６・１、溺死が７・０、窒息が６・６ですが、85～89歳の階層では総数は２２４・８、交通事故が18・３、転倒・転落が49・９、溺死が37・１、窒息が80・７となります。高齢になると不慮の事故が増え、特に誤嚥などによる窒息、転倒・転落、入浴中の溺死が多くなっています。

長期入院が引き起こす問題

わが国では１９２９年に救護法によって養老院がつくられ、低所得者を施設に収容して施すという形で高齢者の福祉政策が始まっています。[6] そして、戦後も生活保護法によって同じ方針が引き継がれました。１９６３年に老人福祉法が制定され、はじめて社会的支援を必要とする高齢者を幅広く対象とする政策へと転換が図ら

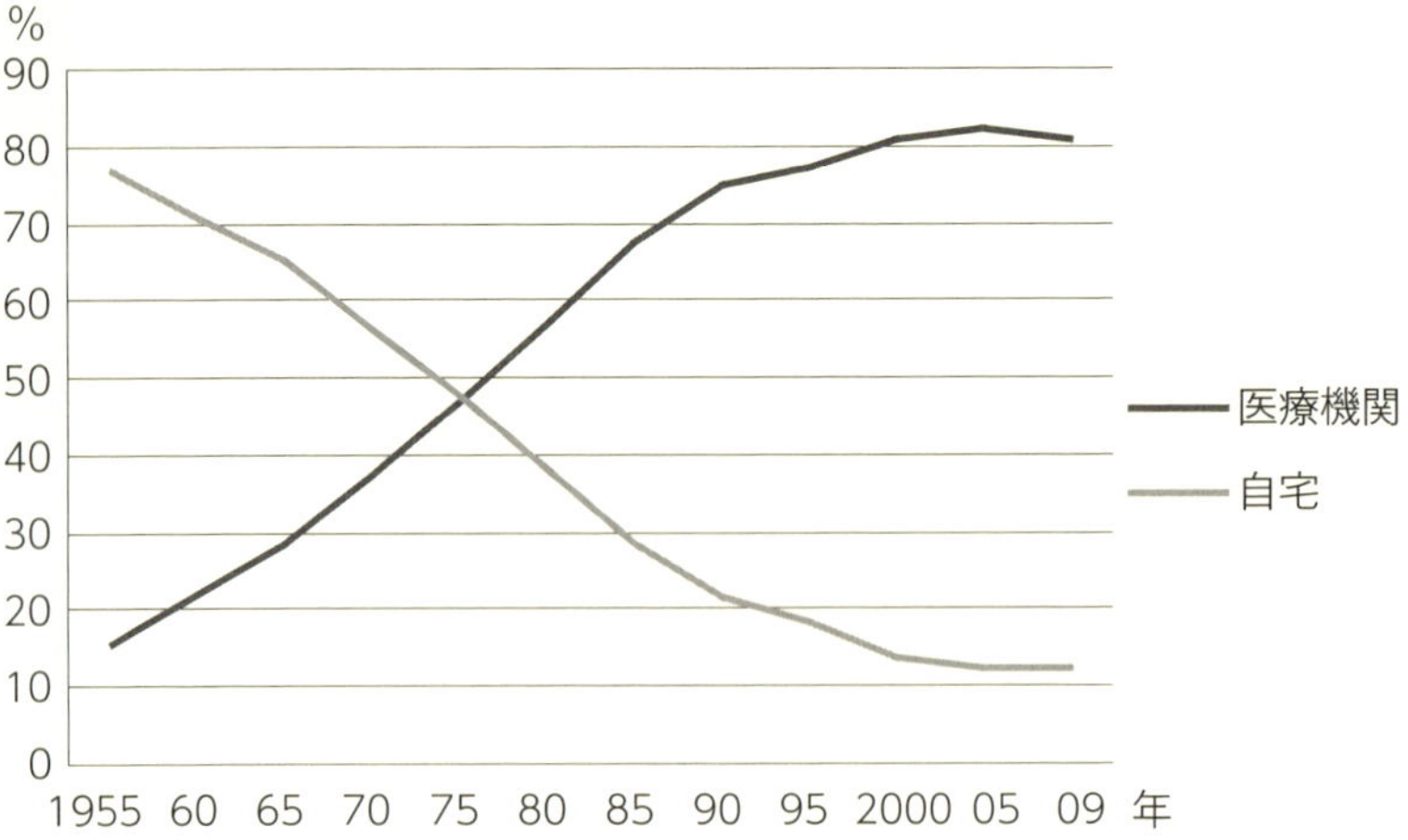

図2　死亡場所の変化

れましたが、世間体もあり、自分の親を施設に入所させることは社会的に受け入れられていませんでした。

高度経済成長期には、年金制度をはじめ高齢者のための社会保障の充実が図られ、１９７３年には一定所得水準以下の70歳以上高齢者を対象に医療費が無料化されました。これによって、病気であるということで障害をもった高齢者を入院させることが一般化しました(7)。しかし、これは高齢者の医療費の自己負担を軽減した一方で、高齢者の社会的入院を進め、高齢者の自立を妨げ、高齢者の医療費を高騰させる弊害も起こってきました。そして、図２に示すように障害のある高齢者が医療機関で長期間ケアされ、病院で亡くなるという文化が定着してしまいました(8)(9)。

それでは高齢者はどの程度長く医療機関に入院しているのでしょうか。一般的に平均在院日数を計算するときには調査期間内で入退院した患者の在院日数が算定の対象となります。したがって、調査期間以前にどれだけ長く入院していても在院日数は算定されません。そこで、福岡県国民健康保険団体連合会に電子請求された２００９年４月から２０１０年３月までの診療データのうち75歳以上の高齢者の入院に関するものを抽出し、一般病床、療養病床、精神病床の３つの病床に層別し、入院日から退院あるいは調査の終了日である２０１０年３月31日までの入院日数を求めてみました。その結果、一般病床では85日、療養病床では４０２日、精神病床では１７５１日にも及びました[10]。また、入院している高齢者にはどのくらいのお金がかかっており、どのような診療行為がなされているのでしょうか[11]。年度内在院日数は、一般病床では27日、療養病床では１５６日、精神病床では１７７日でした。年度内医療費は、一般病床では80万８０７９円、療養病床では２５４万８６１８円、精神病床では２６４万３７８６円でした。さらに、入院中の診療内容を調べてみました。一般病床では、投薬・注射料が５・49％、処置料が２・38％、手術・麻酔料が８・35％、検査・病理診断料が２・85％、画像診断料が１・69％、その他診療料が３・13％でした。一方、入院基本料が28・14％、食事・生活療養費が44・61％となっており、後期高齢者の入院医療費においては、一般病床でも投薬・注射料、処置料、手術・麻酔料、検査・病理診断料、画像診断料といった医療行為の割合は相対的に低く、入院基本料と食事・生活療養費の占める割合が高いことが明らかとなりました。療養病床では、入院基本料が32・39％、食事・生活療養費が64・62％で、合わせて97・01％、精神病床でも、入院基本料が25・97％、食事・生活療養費が66・45％で、合わせて92・42％でした。このことは後期高齢者の入院医療費の多くが生活を支える介護に使われていることを意味しています。

高齢者の長期入院は廃用症候群を引き起こしてきます。廃用症候群とは、何かの疾病で起きる一次的な障害ではなく、長期の安静臥床など、生活が不活発になること（身体活動量の低下）自体によって引き起こされる心身機能の二次的な障害をいいます[12]。関節拘縮、廃用性骨萎縮、起立性低血圧などのいくつかの症状が関係します。廃用症候群になると、活動的な生活もできなくなり、社会参加も制約されるために、心身の機能がどんどん低下していきます。たとえば、大腿骨頸部骨折で入院し、手術は無事に終了した後、1ヶ月間、安静で入院継続したとします。一日中、ほぼベッドの上で暮らすために筋力が衰え、自分では歩けず、身のまわりのこともできなくなる高齢者は少なくありません。家族が要介護認定の申請をしているうちに、新たに褥瘡や認知症を発症することもあります。そうなると療養病床のある医療機関に転院することが多くなります。認知症がさらに進行すれば、食事も自分でとれず、胃ろうを造設されます。その後、自分で食事をすることもなく、療養病床や介護施設で終末を迎えることになります。

社団法人全日本病院協会が2011年3月に発表した「胃瘻造設高齢者の実態把握及び介護施設・住宅における管理等のあり方の調査研究[13]」によれば、入院患者における胃ろう造設者の割合は、急性期病院が7%、慢性期病院が30%、ケアミックス病院が21%、入所者における胃ろう造設者の割合は、介護老人福祉施設が9%、介護老人保健施設が7%、介護療養型老人保健施設が28%、訪問看護ステーションの利用者における胃ろう造設者の割合は10%であったということです。そして、全国の胃ろう造設者数は約26万人と推計し、本人が胃ろうを造設することを決定したケースはきわめて少なく、胃ろう造設者の9割は寝たきりであると報告されています。そうであれば、胃ろうの造設は本人の意思を反映していない可能性が高いということになります。

また、慢性疾患をもつ高齢者を入院という形態でケアを行うことは、医療従事者が高齢者の生活を支えることになり、限られた医療資源を非効率に利用することになります。しかしながら、長期入院している高齢者の受け皿をつくらないで病床数を削減することは、行き場のない高齢者を生むことになります。したがって、慢性疾患をもった高齢者が医療機関に入院せずに在宅療養を継続できるように、高齢者の住まいを用意し、適切な生活支援・健康支援・介護・医療サービスを提供するシステムを構築する必要性があるのです。

不足する高齢者に適した住まい

高齢になると自立できていても病気や事故などのリスクが増えますので、バリアフリーの環境で生活サービスを提供する高齢者用の「自立型住まい」が、障害がある高齢者のための「支援型住まい」として存在します。表2に、２００４年の「アメリカ高齢者住宅協会」のデータを示します[14]。これによれば、ＣＣＲＣの戸数は63万５２１６室であり、「自立型住まい」は73万１９３２室、「支援型住まい」は54万９４８４室あり、全体では１９１万６６３２室の高齢者住宅が整備されています。この数は、米国の人口を2億８５００万人として計算すると、高齢化率は12・３％のため、65歳以上高齢者はおよそ３５００万人であり、「自立型高齢者住宅」は高齢者人口の５・５％に相当します[15]。また、表3に示すように、高齢者住宅の整備の割合は高齢者福祉先進国である北欧も５・０~６・２％で、米国とほぼ同じ割合となっています[15]。これらを踏まえれば、日本でも「自立型住まい」と「支援型住まい」が高齢者人口の５％程度必要となり、高齢者が３０００万人を超えた今、その５％分、およそ１５０万の「自立型高齢者住宅」が必要になることが想定されます。しかし、現在整備されている「自立型住まい」は、８万５０００人分程度あるだけです。一方、介護施設は図3に示すように約１４２万８０００室あります[16]。このように、日本における「自立型住まい」、「支援型住まい」の整備はきわめて遅れていることが推察されます。

そして、米国の「自立型住まい」の平均的な広さはワンルームで42㎡、ベッドルーム付きのものが65㎡と、日本の富裕層を対象とした有料老人ホームの広さと大差ない広さとなっています[14]。「支援型住まい」の居室の

表 2　米国の「自立型」「支援型」高齢者住宅の概要（2004 年）

シニア住宅の種類	戸　数	比　率
自立型住まい（単独）	731,932	38.2%
支援型住まい（単独）	549,484	28.7%
CCRC	635,216	33.1%
合　　計	1,916,632	100.0%

米国の人口：2 億 8,500 万人
高齢者人口：3,505 万 5,000 人
高齢化率：　12.3%
高齢者住宅：1,916,632
（高齢者人口の 5.5%）

出所：American Senior Housing Association

表 3　福祉先進国の介護施設・高齢者住宅の整備の高齢者人口に対する割合

国　　名	年度	介護施設	高齢者住宅	介護施設・高齢者住宅 合計
英　　国	1984	3.0%	5.0%	8.0%
スウェーデン	1990	3.0%	5.6%	8.6%
デンマーク	2004	2.8%	6.2%	9.0%
米　　国	2003	5.8%	5.5%	11.3%
日　　本	2004	3.1%	0.4%	3.5%

出所：(3)（15）より著者作成

広さはワンルームで30㎡、ベッドルーム付きのものが40㎡となっています。日本ではサービス付き高齢者住宅が国土交通省の管轄で２０１０年からスタートしましたが、この基準面積が25㎡ですから、このレベルが米国ＣＣＲＣの「支援型住まい」の広さに近いものと思われます。ＣＣＲＣの「介護型住まい」の個室が22㎡、セミ個室（２人部屋）が27㎡となっています。厚生労働省管轄の有料老人ホームは、設備と廊下幅による違いによって施設基準が13㎡か18㎡となっており、日本の介護型有料老人ホームの広さはＣＣＲＣの「介護型住まい」に近い広さになっていると思われます。

日本では高齢者を前期高齢者（65～74歳）と後期高齢者（75歳以上）とに分けていますが、ＣＣＲＣの入居対象者の中

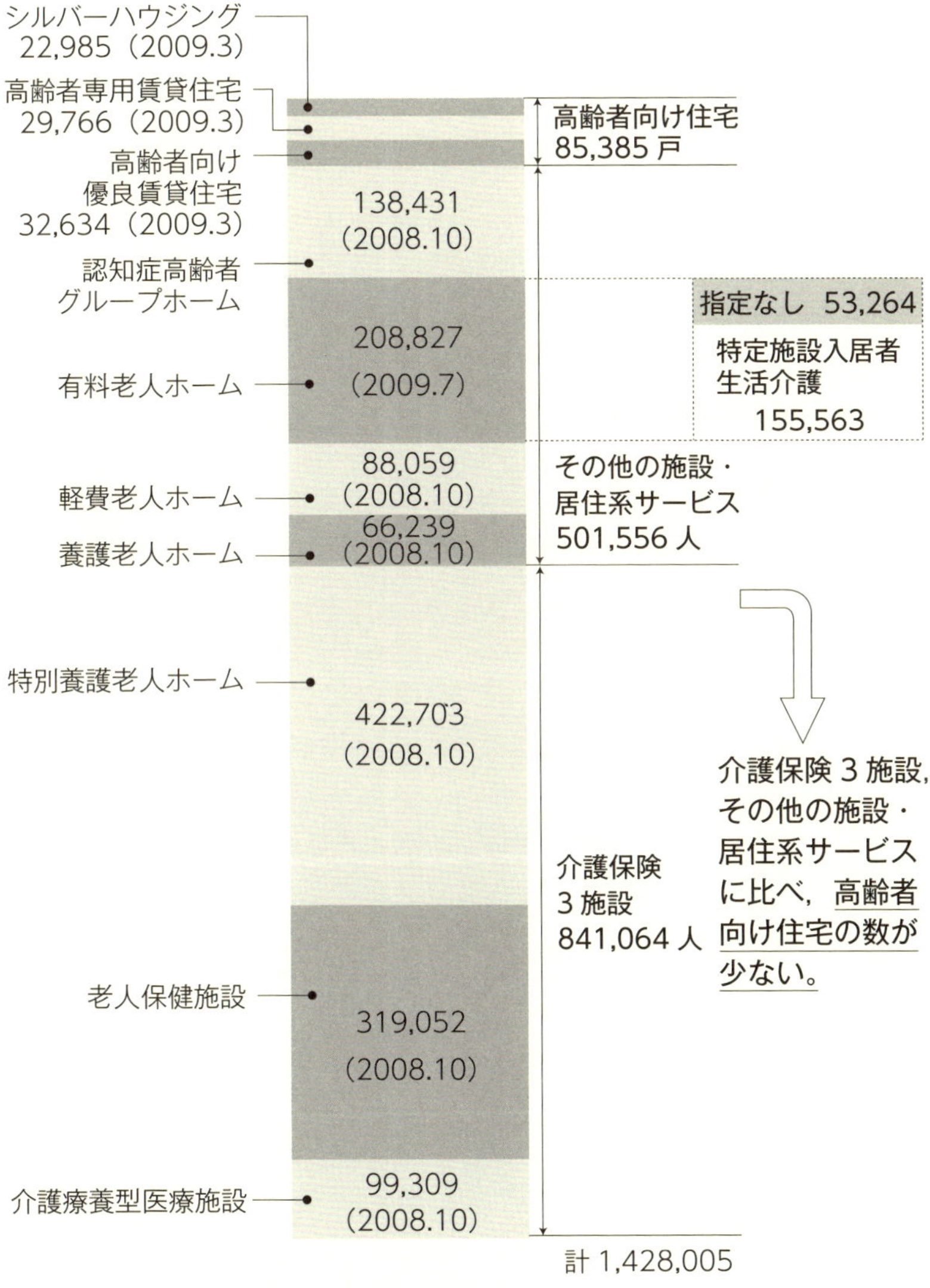

出所：厚生労働省老健局「給付の在り方（施設，住まい）について」（第 28 回社会保障審議会介護保険部会資料）2010 年 7 月 30 日

図 3　日本の介護施設と高齢者住宅の整備数

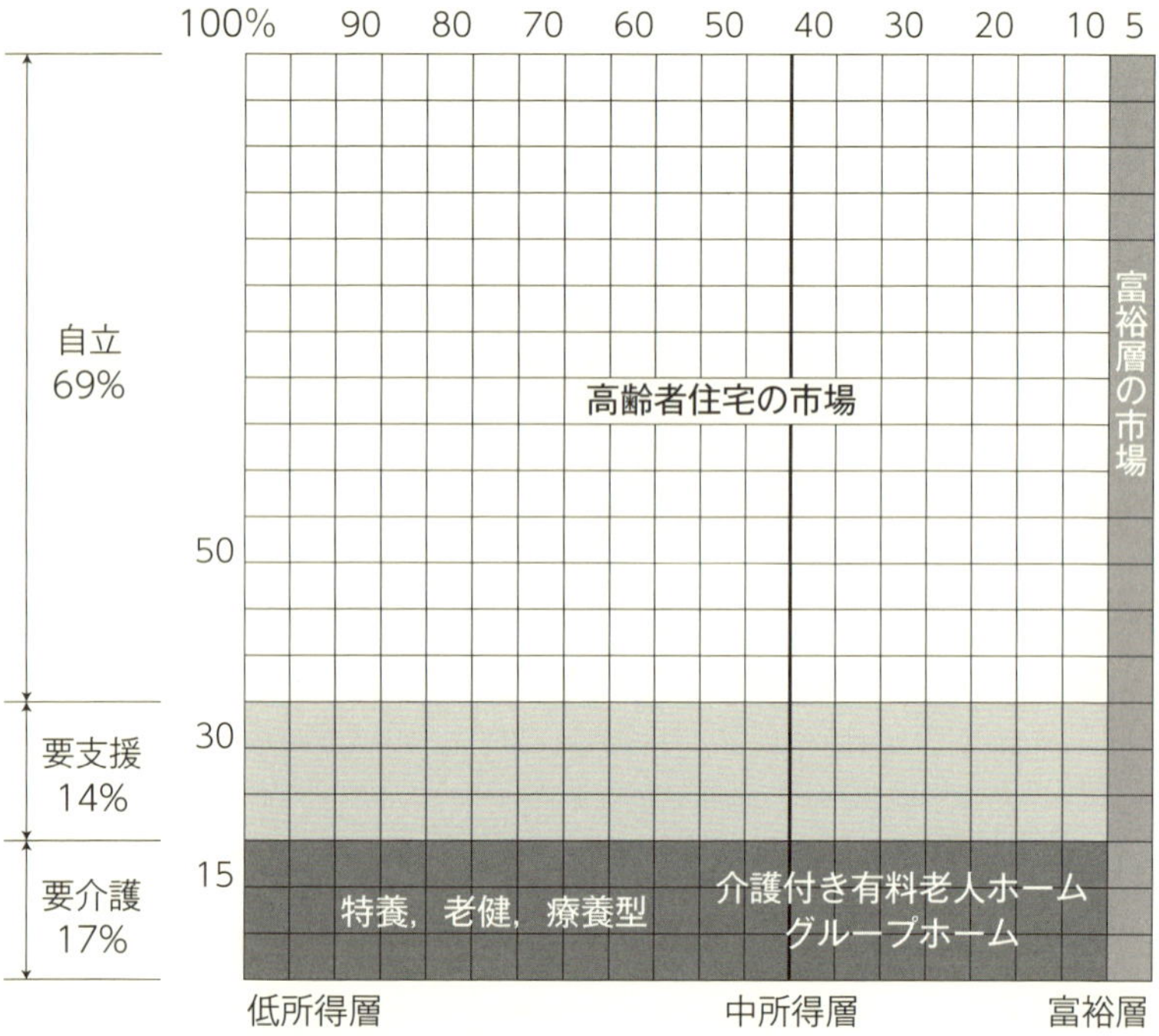

図４　高齢者住宅のセグメンテーション

心は後期高齢者になると思われます。

現在の高齢者の住まいのセグメンテーションを図４に示します。この図に示すように日本では多くの中間所得層が老後を豊かに暮らす「自立型住まい」がほとんど整備されていないことがわかります。特に「自立型住まい」の全国各地での整備がこれから団塊の世代が75歳、80歳になっていく２０２５年、２０３０年までの大きな課題であります。

高齢者はバリアフリーで生活が支援されている環境であれば、自立して生活できる期間を長くすることができます。「自立型住まい」の潜在的なニーズは大きいのです。

医療・介護制度改革の行方

介護保険制度は２０００年度に施行されました。介護保険は、「加齢に伴って生じた心身の変化に起因する疾病等により要介護状態となり、入浴、排せつ、食事等の介護、機能訓練並びに看護及び療養上の管理その他の医療を要する者等に対する必要な保健医療サービス及び福祉サービスに係る給付を行うためのもの」です。[1] 介護保険のサービスにより、「要介護者が尊厳を保持し、その有する能力に応じ自立した日常生活をすること」が可能となることが想定されていたのです。しかしながら、多くの高齢者が自宅で療養を受けたいと思っているにもかかわらず、病院や施設で入院や入所をして暮らしているのが現状です。

２０１３年8月に発表された「社会保障制度改革国民会議」の報告書[17]では、医療提供体制の今後のあり方が明確に記されています。医療と介護の連携と地域包括ケアシステムに関しては、「医療から介護へ」、「病院・施設から地域・在宅へ」の観点から、医療の見直しと介護の見直しを一体となって行い、地域包括ケアシステムづくりを推進していく必要があるとしています。そして、２０１９年度からの介護保険事業計画を「地域包括ケア計画」と位置づけ、在宅医療・介護連携の推進、生活支援サービスの充実等を行いつつ、新たな再構築を行うとしています。

「地域包括ケアシステム」とは、要介護者が介護施設に入所して集団的ケアを受けるのではなく、本人の住まいに外部から医療や介護サービスを定期的に提供する仕組みのことです。[18] すなわち、「ニーズに応じた住まいが供給され、生活上の安全・安心・健康を確保するために医療や介護のみならず、福祉サービスを含めたさ

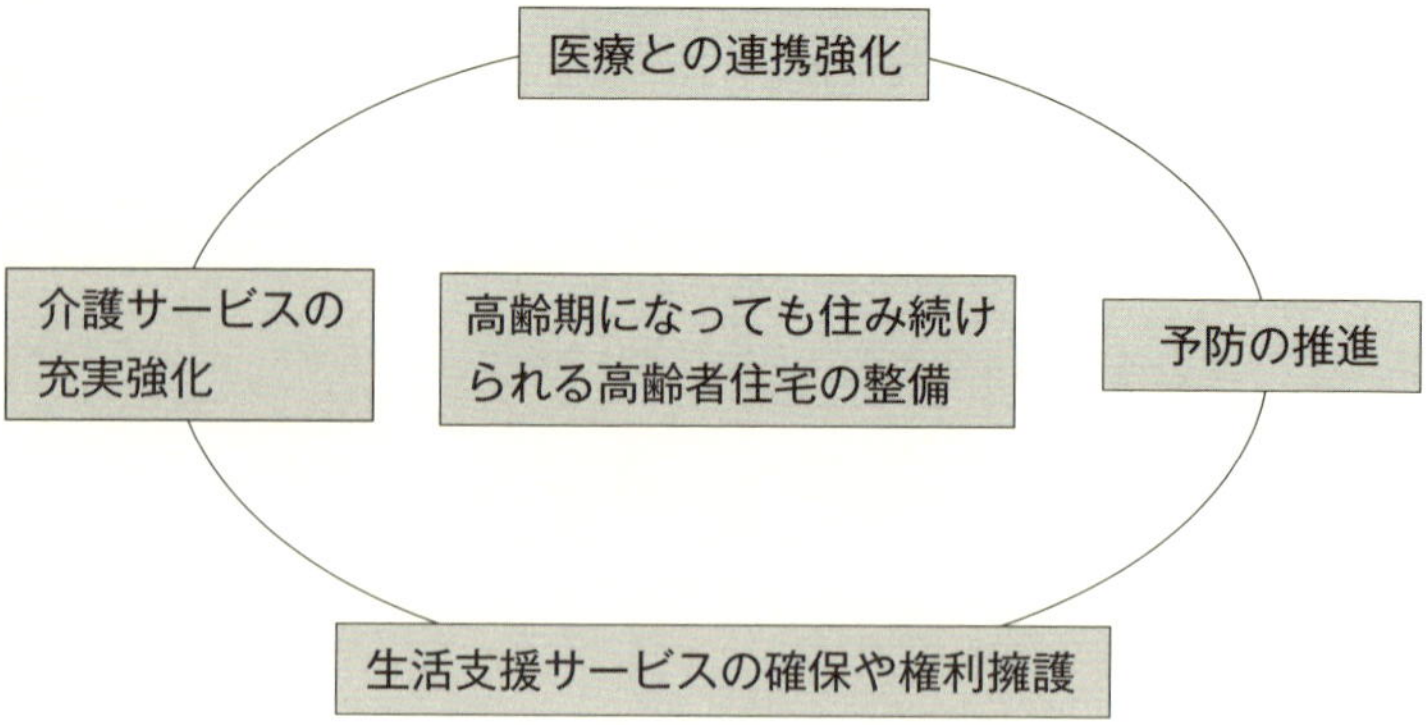

図５　地域包括ケアモデル

まざまな生活支援サービスが日常生活の場で適切に提供されるような地域での体制」を指しています。地域包括ケアの５つの重点課題として、図５に示すように、①医療との連携強化、②介護サービスの充実強化、③予防の推進、④生活支援サービスの確保や権利擁護、⑤高齢期になっても住み続けられる高齢者住宅の整備が提案されています。このシステムを支える施策のひとつとして、２０１２年度から介護保険によるサービスに、「定期巡回・随時対応型訪問介護看護」と、小規模多機能型居宅介護と訪問看護を組み合わせた「複合型サービス」が盛り込まれました。「定期巡回・随時対応型訪問介護看護」では、介護・看護スタッフが短時間の巡回型訪問サービスを提供しつつ、必要なときにいつでも駆けつけられるサービスが用意されたことになります。「複合型サービス」では、通いサービスを中心に利用しながら、必要に応じて宿泊サービスや訪問サービス、訪問看護を受けることができる一体型の在宅支援サービスです。これらのサービスによって、障害をもった高齢者が継続的で包括的なケアを受けられることが期待されています。

今後の高齢者ケアのニーズ

わが国におけるこれまでの高齢者施設は、医療や事故防止を優先してこなければならない状況にありました。そのために、医療における遵守事項が高齢者の生活の質よりも優先され、転倒による事故を恐れるために、高齢者が自分で歩きたいという意思が必ずしも尊重されないこともありました。したがって、障害をもつと高齢者は介護施設に収容・管理されてしまうというイメージもありましたが、今後高齢者となる団塊の世代以降のライフスタイルの変化を考えますと、このようなケアでは新しい時代のニーズに応えられないのは明らかです。

今後の社会保障財政の厳しさを考え、地域包括ケアシステムを整えていくためには、限られた医療・介護財源、資源を効果的・効率的に活用しつつ、新しい視点に立って高齢者を支えるためのインフラを整備していく必要があります。その方法として、高齢者が病気にならないように予防を重視し、寝たきりにならないように、できるかぎり自立して生活できるように支援していきながら、高齢者が病気や障害をもっても責任をもってケアを行う保健・医療・介護サービスを統合して提供するシステムを構築することが求められます。すなわち、高齢者の健康と自立を維持することを前提とした、医療・予防の切れ目のないサービスを提供していくことが重要な課題となってきています[18]。

引用参照文献

（１）厚生労働統計協会『厚生の指標　増刊　国民衛生の動向　２０１２／２０１３』、２０１２年

（２）国立社会保障・人口問題研究所『日本の将来推計人口（平成24年1月推計）』、２０１２年

（３）窪田昌行ほか『新シニア住宅開発実務資料集』綜合ユニコム、２００７年
（４）厚生労働省「平成22年　国民生活基礎調査の概況」http://www.mhlw.go.jp/toukei/saikin/hw/k-tyosa/k-tyosa10/
（５）厚生労働省「平成21年度「不慮の事故死亡統計」の概況」http://www.mhlw.go.jp/toukei/saikin/hw/jinkou/tokusyu/furyo10/
（６）馬場園明「21世紀の健康政策」、日本健康支援学会編『健康支援学入門——健康づくりの新たな方法と展開——』北大路書房、２００１年、26～48頁
（７）馬場園明編著、荒木登茂子・桑原一彰・花田輝代・山田康子『介護予防のための栄養指導・栄養支援ハンドブック』化学同人、２００９年
（８）定村美紀子・馬場園明「介護保険制度による介護資源の指標と死亡場所との関連——高齢社会にマッチした介護保険制度による資源の充実を求めて——」、『厚生の指標』52巻2号、２００５年、８～14頁
（９）厚生労働省「人口動態統計年報　主要統計表（最新データ、年次推移）」http://www.mhlw.go.jp/toukei/saikin/hw/jinkou/suii09/index.html
（10）西巧・前田俊樹・馬場園明「レセプトデータを活用した医療費適正化計画の指標に関する研究」、『医療福祉経営マーケティング研究』7巻1号、２０１２年、１～８頁
（11）西巧・前田俊樹・桑原一彰・永野純・馬場園明「福岡県における後期高齢者の入院医療の実態」、『健康支援』15巻、２０１３年、１３４頁
（12）印南一路『社会的入院の研究——高齢者医療最大の病理にいかに対処すべきか——』東洋経済新報社、２００９年
（13）社団法人全日本病院協会「胃瘻造設高齢者の実態把握及び介護施設・住宅における管理等のあり方の調査研究」（平成22年度老人保健健康事業推進費等補助金）、２０１１年
（14）American Association of Homes and Services for the Aging, American Seniors Housing Association, *Continuing Care Retirement Communities 2005 Profile*, 2005.
（15）園田真理子『世界の高齢者住宅——日本・アメリカ・ヨーロッパ——』日本建築センター出版部、１９９３年
（16）厚生労働省『地域包括ケアの理念と目指す姿について』、２０１１年
（17）社会保障制度改革国民会議「社会保障制度改革国民会議報告書——確かな社会保障を将来世代に伝えるための道筋——」、２０１３年 http://www.kantei.go.jp/jp/singi/kokuminkaigi/pdf/houkokusyo.pdf
（18）地域包括ケア研究会「平成21年度老人保健健康増進等事業による研究報告書『地域包括ケア研究会報告書』」、２０１０年

第2章

米国のCCRCから学ぶ

米国のCCRC

わが国では高齢者を対象とした「自立型住まい」がほとんど整備されていないために、ご夫婦のつれあいに先立たれて毎日の生活が何かと不安・不便とか、足腰が悪くなり家の中は段差が多く転倒・骨折するのが心配とか、物忘れが多くなり認知症になるのが不安、といった方々が、必要なサービスを受けて、できるかぎり自立できる住まいシステムがありません。そのため病気や障害をもつようになると住みなれた地域を離れて、病院や施設で暮らすことになります。そうなると、自分の生活・ケア・人生の連続性が絶たれてしまうことになりますので、うつ病や認知症になるリスクが高くなりがちです。そこで、高齢者の生活・ケア・人生の連続性を担保するシステムである米国のＣＣＲＣ（Continuing Care Retirement Community）を紹介します。

CCRCとは

米国には、高齢者の自立と尊厳を守ることを重要な運営方針とし、保健・医療・介護サービスを統合した包括的なサービスを提供し、高齢者が自立して、健康に、楽しく、快適に暮らせるＣＣＲＣという「自立型住まい」を中心とした総合的なサービスを提供するシステムがあります。直訳すると「継続した生活支援・健康支援・介護・医療サービスを提供する高齢者の生活共同体」となります。(1)(2) ＣＣＲＣは１９００年には、宗教系のものを中心におよそ20ヶ所しか存在しませんでしたが、１９７０年代から増え始め、２００７年には全米に１８６１ヶ所、74万５０００人が居住していると報告されています。(3) 表１に１９００年から２０１０年までの

CCRCの発展の推移を示します[3][4]。

CCRCは広いキャンパスに住宅や各種施設が点在する郊外型から、市街地のビルに施設がある都市型まで、さまざまな形態があります[5]。すべてのCCRCは、介護・看護・医療サービスを提供しており、そのヘルスケアの提供形式により、次の4種類に大別されます[2][6]。①包括型は入居金の他に月々の管理費を払うだけで、一生の間、予防・介護・医療サービスが保障されます。②制限型は予防・介護・医療サービスを受けられる回数、日数が限られています。しかし、追加のサービスについては、別途費用を払うことにより、受けられるように保障されています。③出来高型は予防・介護・医療サービスは契約に含まれていませんが、制限型同様、費用を払うことによってサービスを受けることができます。④レンタル型は、一時金を払わず、予防・介護・医療サービスについて、入居者は市場価格で支払います。なお、レンタル型は1990年代頃から始まっています。一般的に包括型は制限型、出来高型に比べて、医療・介護費用が計画以上にかかるという大きなリスクをもっており、入居一時金も高いケースが多くなります。

表1　CCRCの整備の歴史

年	CCRCの数	居室数規模
1900	20	6,740
1950	60	20,220
1988	490	165,130
2010	1,861	627,157

＊居室数規模は居室数の平均値を337として算出
出所：(3)（4）より著者作成

CCRCには図1に示すように「自立型」、「支援型」、「介護型」の3種類の住まいがあり、高齢者である住民が老化するにつれて変わっていくニーズに応じて、図2に示すように予防・医療サービス、生活支援、介護支援などを総合的に提供しています[2]。すなわち、高齢者は、自立して生活できる段階から、特別な看護・介護サービスが必要な段階、そして人生の終末まで同じ場所のコミュニティ内で生活できます。

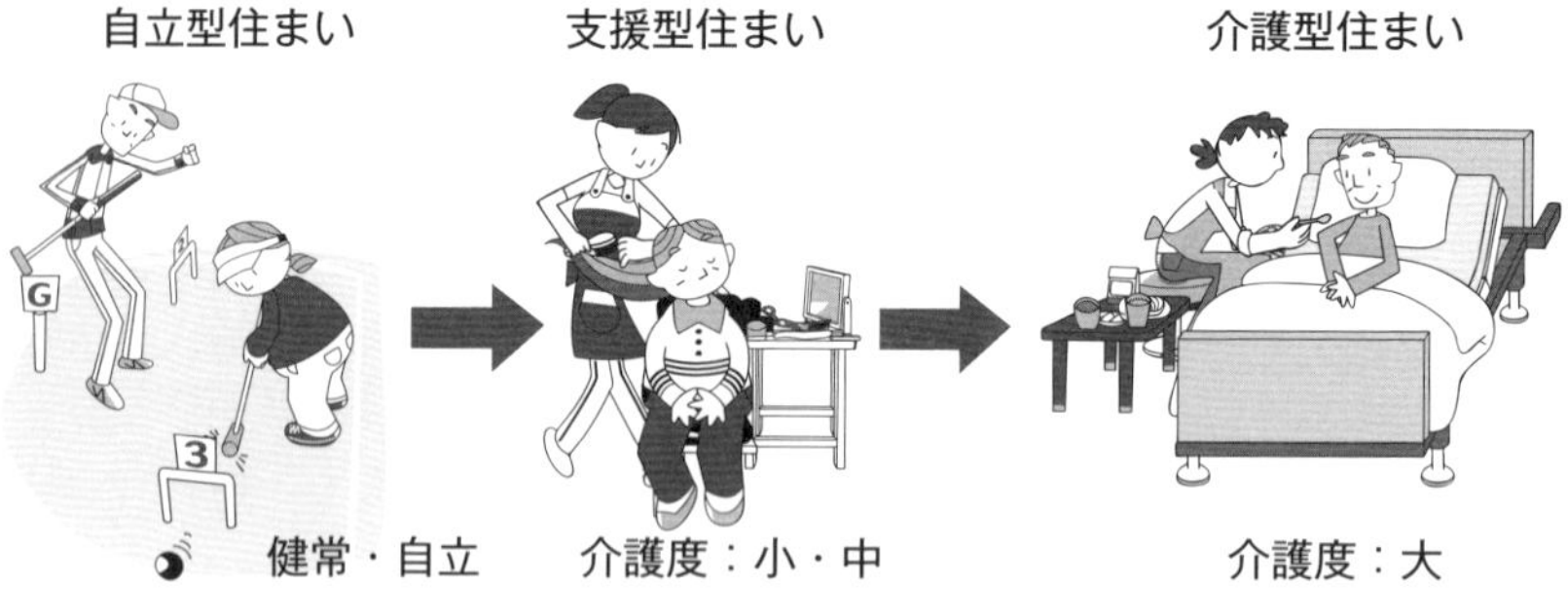

図１　CCRCの３つの住まい

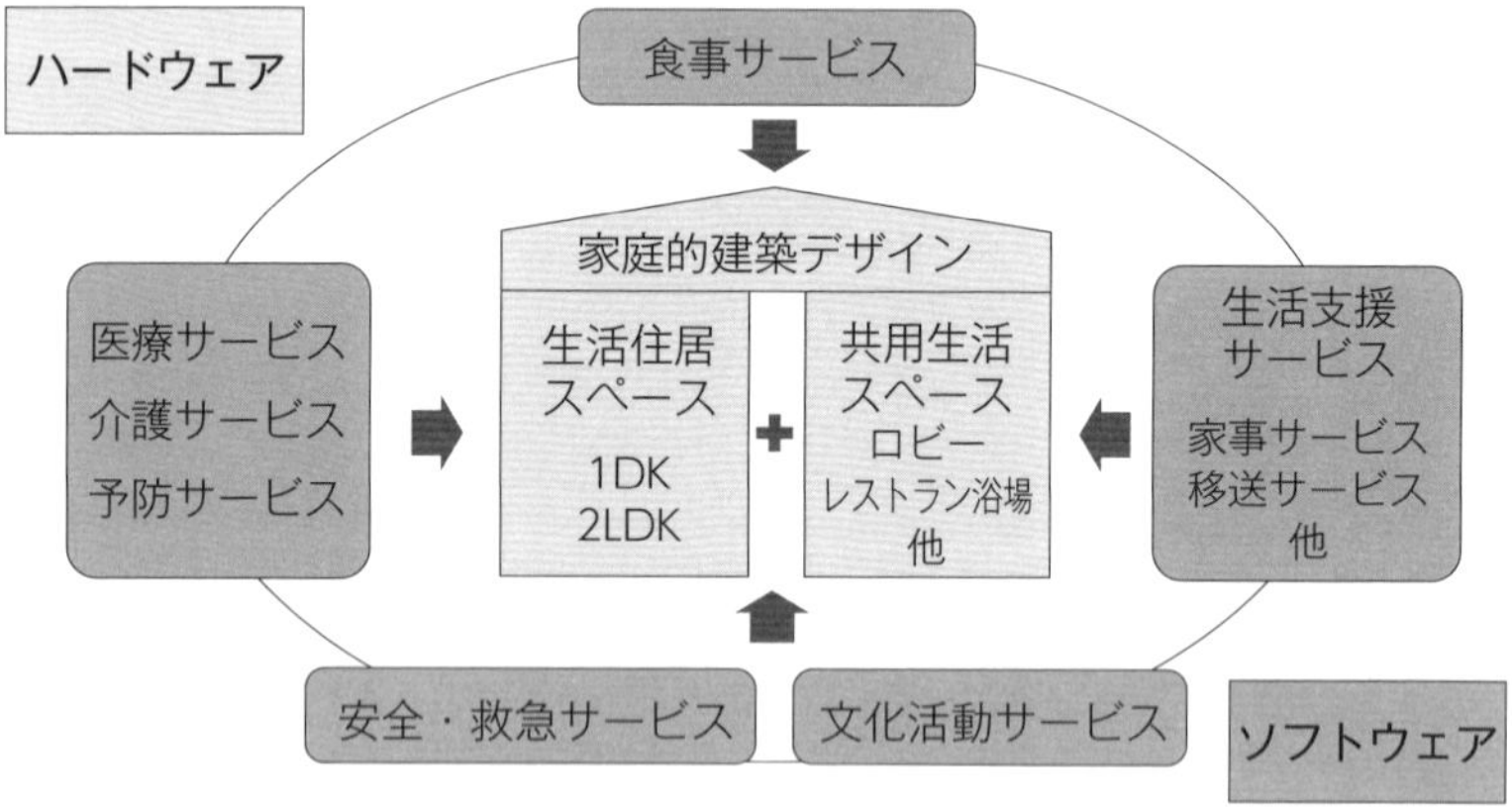

図２　CCRCのハード・ソフトイメージ

ＣＣＲＣへ入居する時点の平均年齢については、「自立型」が79歳、「支援型」が85歳、「介護型」が84歳となっています。[7]「自立型」で平均的には、79歳から86歳まで、およそ7年間暮らすことになります。[7] また、3種類の住まいの入居者の平均年齢は、「自立型」が83歳、「支援型」が87歳、「介護型」が87歳となり、かなり高齢となっています。男女比については、「自立型」では女性が70%、男性が30%となっています。「支援型」「介護型」の男女比は、「自立型」に比べて女性がやや多くなり約77%となっています。[7]

ＣＣＲＣの経済的なメリット

は、コスト優位を実現していくために規模の経済性、範囲の経済性、習熟効果を高めることができることです[9]。まず、支援する高齢者を増やすことで規模の経済性が高まり、固定費を分散させることができます[8]。範囲の経済性とは、経営資源を共有して多様な事業を行うことによって経営効果を高めることを意味します。すなわち、3タイプの集合住宅をつくり、生活支援・健康支援・介護・医療サービスを行えば、3タイプの集合住宅で夜勤機能、給食機能、事務機能、訪問診療、訪問看護、居宅介護サービスなどを共有できるので、経営効率が改善します。習熟効果とは、従業員がサービス業務の中で、学習を積み、業務プロセス遂行タイムを短縮化したりし、業務プロセスを効率化していくことですが、CCRC全体で従業員を多く雇用することができれば、従業員の研修の質や効率を高めることも可能となり、サービス業務の習熟化を高めることができます。

米国でCCRCが注目されている理由

米国でも莫大な費用を高齢者医療に使っており、医療費は高齢化とともに高騰化してきています。また、その明確な解決策が定まらない状況で、次のようなことが高齢者の長期ケアを困難にしています[4][5]。

①家庭内における高齢者介護のかつての担い手であった女性たちはますます、仕事を求め、外で働き始めています。

②高齢者の長期ケア施設で働く看護師、介護士の不足率は増大しています。

③メディケア（公的高齢者保険）や私的高齢者保険は急性期医療に中心が置かれており、高齢者の長期ケアについてはこれらの保険でカバーできません。

米国でも高齢化が進行し、高齢者の長期ケアに対する公的な保証がなされないなか、老後の資産や収入でカバーできる範囲で、終身の住宅コスト、医療・介護ニーズをカバーしてくれる選択肢が求められ、CCRCはその有効なオプションとして評価されているのです[3][5]。

それはCCRCのシステムが次の点で優れているからです。すなわち、CCRCは、まずその基本理念において、高齢者が可能なかぎり自立して自由に生活できるようなシステムを提供することに最大限の努力をしています。そのため、CCRCは高齢者にできるかぎり自立した生活を送ってもらえる点と、老化が進行し、病気になったり、虚弱になったりして、医療・介護が必要になった場合、ニーズに対応したサービスを保証する点で、高齢者に支持されています。すなわち、高齢者は自立した段階から、なんらかの支援が必要な段階、または認知症などで専門的なケアが必要な場合、さらに寝たきりになっても、支援施設・介護施設が同じ敷地内にあり、住みなれたコミュニティと友人たちと離れることがないため、トランスファーショックを受けず、継続した予防・介護・医療サービスを受けることができるのです。

CCRCは多くの場合、入居者を含むNPO法人が経営主体となっており、経営と運営が分離しており、経済状況の急変、運営事業者の適否があっても、CCRC本体の経営は仕組み上、保護されることになります。ちなみに、2010年のリーマンショック後、経営破綻してしまった開発・運営事業者もいたようですが、NPO法人であるCCRCは適切な運営事業者を選択できたために、経営にはほとんど影響はなかったようです。

3種類の住まいと医療センター・リハビリテーション施設

自立した高齢者のための「自立型住まい」はマンション形式が主流であり、サイズもワンルーム、1部屋のベッドルーム、2部屋のベッドルームと多様です。高齢者が自由と尊厳を保ち、できるかぎり自立した暮らしを送るための住まいです。入居者にとっても、「自立型住まい」に暮らす期間が長ければ長いほどよいと考えられます。ＣＣＲＣではできるだけ自立して生活できる時間を長くするためのハード・ソフトが備えられており、健康を維持するプログラムに加え、日常生活支援のサービスも充実し、社交や趣味、文化的行事への参加の機会も数多く用意されています。緊急時のために、非常応答システムも設備されています。

もし障害などによって生活するうえでなんらかの支援が必要になると、ＣＣＲＣ内にある、「自立型住まい」とは異なった場所にある「支援型住まい」に移ることになります。「支援型住まい」の目的は、残存機能を活用するための作業療法などのリハビリテーションを提供して、高齢者ができるだけ自立して生活できるようにすることです。入居者には、リハビリテーション、入浴・衣服の着替え・投薬・その他日常の生活に必要な支援サービスが提供されます。認知症の高齢者とそうでない高齢者では、別々に設置します。なお、「支援型住まい」は、認知症の高齢者とそうでない高齢者が同じ場所でケアを受けた場合、お互いの生活スタイルを壊すことになるので、別々の住まいでケアを提供することによって生活の質を高めることができます。特に認知症の高齢者に必要なケア、サービスは認知症でない高齢者へのサービスとは異なり、熟練した技術を必要とします。スタッフは認知症の高齢者と一緒に食事をとり、料理のような家事も一緒に行うことになります。また、認知症の高齢者の住まいはセキュリティが確保された庭や散歩道で日常の生活を楽しむことができるようにします。

「介護型住まい」とは24時間体制を必要とする短期、および長期の看護・医療サービスを提供する施設で、「自立型住まい」「支援型住まい」とは異なった場所に設置されています。なお、「自立型住まい」から「支援型住まい」へ、また「支援型住まい」から「介護型住まい」に移る場合には医師、スタッフ、家族などで慎重に検討します。「自立型住まい」「支援型住まい」に住む高齢者からも疾病予防・障害予防のために、医療・看護、リハビリテーションのニーズがあります。これらに対応するために、ＣＣＲＣには、医療施設やリハビリテーション施設も必要です。３種類の住まいの入居者の平均年齢は約80歳であり、そのほとんどがなんらかの医療的な問題を抱え、自立した生活を維持するためには医療的なバックアップが不可欠です。

たとえばＣＣＲＣにおける高齢者医療は、医療センターの高齢者医療専門医師が責任をもちます。高齢者医療は急性期医療とは診療の方針が異なり、「疾病や障害の悪化を避け、本人の生活の質を最大限に尊重すること」が重視されます。ちなみに米国東部のあるＣＣＲＣでは医療を中心としたヘルスケアの提供がそのコミュニティの特色となっており、米国の急性期病院の平均入院日数は６・５日であるのに対して、そのＣＣＲＣでは２・５日と平均より４日少ないと報告しています。[10] それは、医療施設の他にリハビリテーション施設も備わっているからです。ＣＣＲＣ内で、脳梗塞、心筋梗塞が発生した場合、外部の急性期病院に入院することになりますが、短い日数で住みなれたコミュニティに帰ってくることができます。なじみのスタッフやコミュニティ内の友人の支援を受けながらリハビリ活動に取り組むことは、励みになると思われ、その効果も高いと推測されます。

ＣＣＲＣが入居者に提供する４つの特色

■継続したケアの提供を実現するシステム

ＣＣＲＣの特色は、高齢者のニーズに応じて住み替える３種類の住まいと、それぞれの住まいに提供するサービスを統括するシステムがバランスよく機能していることです。「自立型住まい」では表２に示すようなサービスが提供されています。[7] この表は、提供されるサービスについて、月料金に含まれるサービスの割合、

表 2 「自立型住まい」で提供される標準的なサービス

サービス内容	月利用料に含む	別途料金	提供なし
1 回の食事／日	72%	23%	6%
2 回の食事／日	8%	80%	12%
3 回の食事／日	13%	86%	1%
ダイエット食	68%	27%	6%
ユダヤ教特別食	8%	10%	82%
お菓子	28%	65%	7%
清掃	77%	23%	0%
個人の洗濯	5%	93%	2%
リネンサービス	64%	34%	2%
定時移送サービス	82%	15%	3%
自由な移送サービス	12%	72%	16%
24 時間安全システム	87%	0%	13%
アクティビティ	98%	2%	0%
美理容ショップ	6%	94%	1%
コーヒーショップ	22%	33%	45%
フィットネス（体のケア）センター	73%	9%	18%
プール	54%	1%	45%
ウェルネス（こころのケア）センター	56%	10%	33%
宗教サービス	96%	1%	4%
教育の機会提供	66%	7%	27%
ゴルフコース	6%	1%	93%
ケーブル TV	64%	35%	9%
電話サービス	18%	73%	9%
高速インターネット	20%	45%	35%
安全な境界線	48%	1%	51%
緊急通報システム	94%	5%	1%
在宅サービス	6%	61%	32%
認知症プログラム	26%	20%	54%
レスパイトケア	21%	58%	21%
入浴介助	5%	92%	3%
着替え介助	4%	93%	4%
排泄介助	4%	90%	5%
移送介助	4%	86%	10%
食事介助	3%	89%	8%
服薬介助	15%	83%	2%
失禁用オムツ	0%	92%	8%
ケアプランサービス	55%	9%	36%
救急サービス	3%	54%	43%
医療サービス	3%	82%	15%
調剤サービス	3%	75%	21%
言語聴覚療法	4%	88%	8%
理学療法	4%	88%	8%
作業療法	5%	87%	8%
医療機器・設備	2%	76%	22%

出所：(7)

		支援型住まい				移行レベル	介護型住まい
		A	B	C	D		
28	専門家による薬事サービス		●	●	●	●	●
29	風呂，着替え，食事等への呼びかけサービス		●	●	●	●	●
30	髪，身支度の呼びかけサービス		●	●	●	●	●
31	娯楽文化行事への呼びかけ		●	●	●	●	●
32	問題解決のためのソーシャルワークチームの手助け		●	●	●	●	●
33	きめ細かな薬剤管理			●	●	●	●
34	記憶障害，認知障害のケア			●	●	●	●
35	個別の行動プランの作成			●	●	●	●
36	行事参加へのスタッフの頻繁な手助け			●	●	●	●
37	認知障害に対するソーシャルワーカーの深い関わり			●	●	●	●
38	排泄の手助け				●	●	●
39	専門看護師による生活習慣病の管理				●	●	●
40	食事への呼びかけ				●	●	●
41	看護師，医師のきめ細かな介入				●	●	●
42	認知症患者へのソーシャルワークチームによる介入				●	●	●
43	専門看護師による丁寧なモニタリング					●	●
44	日常生活へのスタッフの介入					●	●
45	風呂，着替え，身支度の全介助					●	●
46	食事の全介助					●	●
47	認知症患者へのソーシャルワークチームによる全面介助					●	●
48	毎日の心理的支援サービス						●
49	個別のケアプランサービス						●
50	毎日のハウスキーピング						●
51	必要に応じた居室内での食事サービス						●
52	歩行の全介助						●
53	傷害のケア						●
54	排泄，入浴の全介助						●

出所：エリクソンシニアリビングの内部資料より

表3 「支援型住まい」「移行レベル」「介護型住まい」で提供されるサービスの内容

サービス内容	支援型住まい				移行レベル	介護型住まい
	A	B	C	D		
1　メンテナンス不要の住居	●	●	●	●	●	●
2　ケアチームによるサービスプラン	●	●	●	●	●	●
3　リネン交換サービス	●	●	●	●	●	●
4　洗濯サービス	●	●	●	●	●	●
5　失禁用品	●	●	●	●	●	●
6　医薬品管理サービス	●	●	●	●	●	●
7　看護師による対話サービス	●	●	●	●	●	●
8　24時間非常応答サービス	●	●	●	●	●	●
9　専門看護師による定期的なアセスメント	●	●	●	●	●	●
10　安全な庭での散歩の支援	●	●	●	●	●	●
11　看護師同行の地域のクリニック訪問	●	●	●	●	●	●
12　敷地内の移送サービス	●	●	●	●	●	●
13　健康な食事サービス（3食）	●	●	●	●	●	●
14　健康スナックサービス	●	●	●	●	●	●
15　さまざまな娯楽文化行事	●	●	●	●	●	●
16　30チャンネルのケーブルTV	●	●	●	●	●	●
17　水光熱費（電話以外）無料サービス	●	●	●	●	●	●
18　宗教，メンタルヘルスサービス	●	●	●	●	●	●
19　ゲストもともに参加し，楽しめる娯楽文化行事	●	●	●	●	●	●
20　住宅内の美理容サービス（料金は各自負担）	●	●	●	●	●	●
21　ゲストの宿泊サービス（料金は各自負担）	●	●	●	●	●	●
22　洗濯乾燥機の利用（無料）	●	●	●	●	●	●
23　薬剤評価・計画サービス	●	●	●	●	●	●
24　診療の予約	●	●	●	●	●	●
25　週1回のハウスキーピング	●	●	●	●	●	●
26　併設のメディカルセンターへの同行	●	●	●	●	●	●
27　メンタルヘルスの評価，相談	●	●	●	●	●	●

別途料金となっている割合を示したものです。まず、食事は1日1回の提供が72％で標準となっています。またダイエット食は68％が利用料金の中で提供されます。CCRCで提供されているサービスは、多い順位に示すと、①社交・スポーツ活動、②宗教サービス、③非常通報サービス、④24時間の安全サービス、⑤定時の移送サービス、⑥清掃となっています。この中で2番目に多く、96％のCCRCで提供されている宗教サービスは日本ではほとんどないサービスですが、こころのケアとしても重要なサービスになっています。「自立型住まい」では身体介助はほとんど行われていませんが、服薬介助だけが15％行われており、自立した高齢者でも服薬介助が必要な場合があることがわかります。また、ケアプランサービスが「自立型住まい」でも55％提供されており、「自立型住まい」の高齢者でも予防のためのサービスが必要であることが推測されます。

一方、「支援型住まい」では、自分でできることは自分で行えるように、できるかぎり寝たきりにならないようにさまざまな支援プログラムが充実しています。(7) 「介護型住まい」では、寝たきりになった高齢者に24時間の医療・看護・介護サービスを提供します。それぞれの段階においてCCRCで提供されるサービスについて、表3に示しました。「支援型住まい」は、A～Dの4段階に区分されており、さらに「介護型住まい」への移行レベルのサービスがあります。移行サービスでは、次の5つのサービス、①専門看護師による丁寧なモニタリング、②日常生活へのスタッフの介入、③風呂、着替え、身支度の全介助、④食事の全介助、⑤認知症患者へのソーシャルワークチームによる全面介助が追加されます。

そして、最終ステージの「介護型住まい」では7つのサービスが追加されます。すなわち、①毎日の心理的支援サービス、②個別のケアプランサービス、③毎日のハウスキーピング、④必要に応じた居室内での食事サービス、⑤歩行の全介助、⑥傷害のケア、⑦排泄、入浴の全介助であり、医療・看護・介護サービスが連携

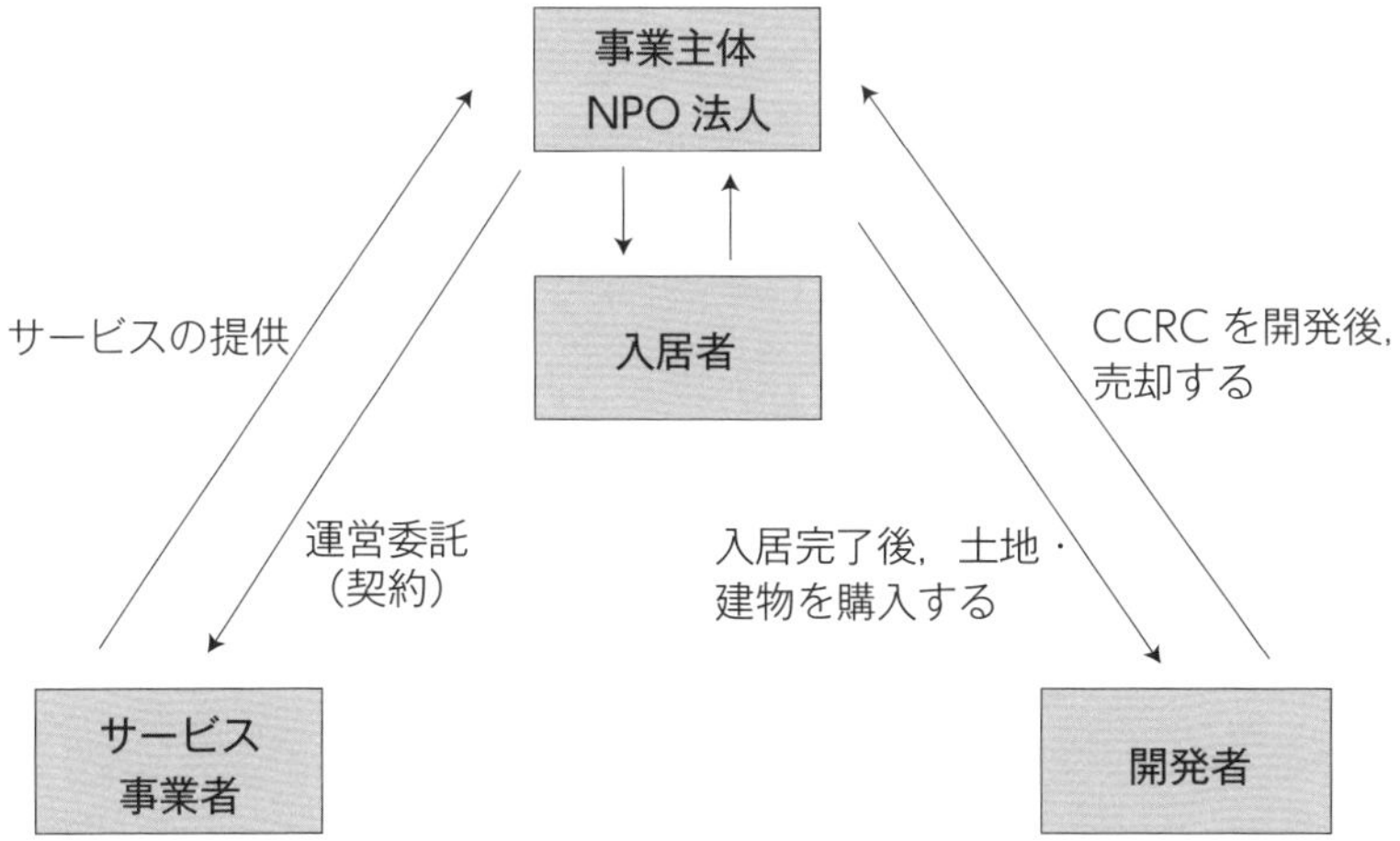

図３　経営の安定化のための三権分離

して終末まで継続したケアが提供されるプログラムとなっています。

■経営の安定性の確保

高齢者が人生の最終決定をして、移り住むＣＣＲＣにおいて、事業主体の安定性はきわめて重要です。ＣＣＲＣでは事業主体の安定を図るために、事業主体と運営事業者と開発事業者が分離されるケースがほとんどです。また、ＣＣＲＣは税金面での優遇措置も考慮されており、次のような特徴があります（図３）。

事業主体はほとんどの場合、ＮＰＯ法人となっています。米国ではＮＰＯ法人の場合、州に認可されれば無税となるからです。また、ＮＰＯ法人の評議委員会では、利害関係をもたない役員を指名します。たとえば、公認会計士、弁護士、元経営者などです。さらに、入居者の中から数名、評議委員に入ってもらい、ＣＣＲＣの経営に入居者の意見等を反映します。このように、ＣＣＲＣでは、事業主体の公平性、透明性を確保するような仕組みとなっています。

開発事業者は、開発、マーケティング等に専念し、ＣＣＲＣの入居が進めば、ＣＣＲＣの事業主体に資産（土地・建物）を売却します。開発事業者は、適切な利益を確保し、長期間にわたり資産を保持するというリスクを回避できます。通常は5年程度で、事業主体に売却されるということです。一方、運営については、マネジメントに特化した運営事業者が、入札等により選定され、入居者のニーズ・満足度を評価、フィードバックします。運営事業者はおおむね2年契約とし、入居者の満足度が低ければ、次の入札を行い、新しいサービス事業者に切り替えることができます。このように、入居者の資産であるＣＣＲＣを守る仕組みがシステム化されています。

■一時金の返還システム

ＣＣＲＣに入居する場合、ほとんどの高齢者は住みなれた家を売却し、その資金を入居一時金に当てます。そして、退去後はその居室は他の方に売却され、契約書で決められた返還の割合の入居一時金が返還されます。

ＣＲＣは開発の際、ほとんどの州で認可を受けなければならず、顧客保護のために第三者預託金口座（Escrow Account）を、銀行、信託会社、または他の独立した機関につくらなければなりません。ＣＣＲＣはほとんどＮＰＯ法人で、これらの預託金の義務は次の条件が満たされた場合解除されます。ノースカロライナ州の例を次に示します。(6)

預託金の最初の25％は、事業者が「自立型住まい」を25％以上販売したときに解除されます。そして、「自立型住まい」の少なくとも75％以上が販売され、その販売金額の少なくとも10％が入金されるか、もしくは「自立型住まい」の入居率が少なくとも75％以上を60日間維持したときに残りの部分が解除されます。また、一時金の返還のタイプは大きく次の４種類があります。すなわち、①全額返還のタイプ、②部分返還（50、80、90％）のタイプ、③特定期間で償却されるタイプ（日本の終身利用権方式）、④返還なしのタイプです。これらの４つの返還形式について、それぞれのCCRCが、それぞれの経験と実績により、入居一時金と月々の利用料金を決定します。なお、１つのCCRCで１種類の返還方式というわけではなく、複数の一時金返還方式を提案しているCCRCも少なくありません[(6)(7)]。

■質の高いホスピタリティサービスを提供するシステム

CCRCでは、高齢者のニーズに応じてさまざまなサービスが提供されており、質の高いホスピタリティが提供されています。これらのサービスを支えているのは、さまざまな専門職種です。これらスタッフが連携、チームアプローチをして質の高いホスピタリティサービスを提供するには、一貫した人材マネジメントを浸透させる必要があります[(8)(11)]。

優れた人材マネジメントを行っていくには、まず優秀な人材を育成する仕組みが不可欠です。人材育成の重要性については、多くの経営者が言及していますが、経営のバイブルといわれる『マッキンゼー経営の本質』（*The Will To Manage*）の著者マービン・バウワーは人材育成の重要性について、次のように述べています[(12)(13)]。「あらゆるビジネスの経営はある一つの共通要素を中心に組み立てられています。それは人です。人間ならだれでも持っている欲望、能力、個性、関心・無関心、長所・短所、恐怖心、性格等が経営プロセスで考慮されなかったら、業種や規模を問わずどんな企業でも繁栄を長続きさせることはできません。計画し、決定し、行動するのは所詮人間です」。さらに、マネジメントの父といわれるピーター・ドラッカー氏は、マネジメント

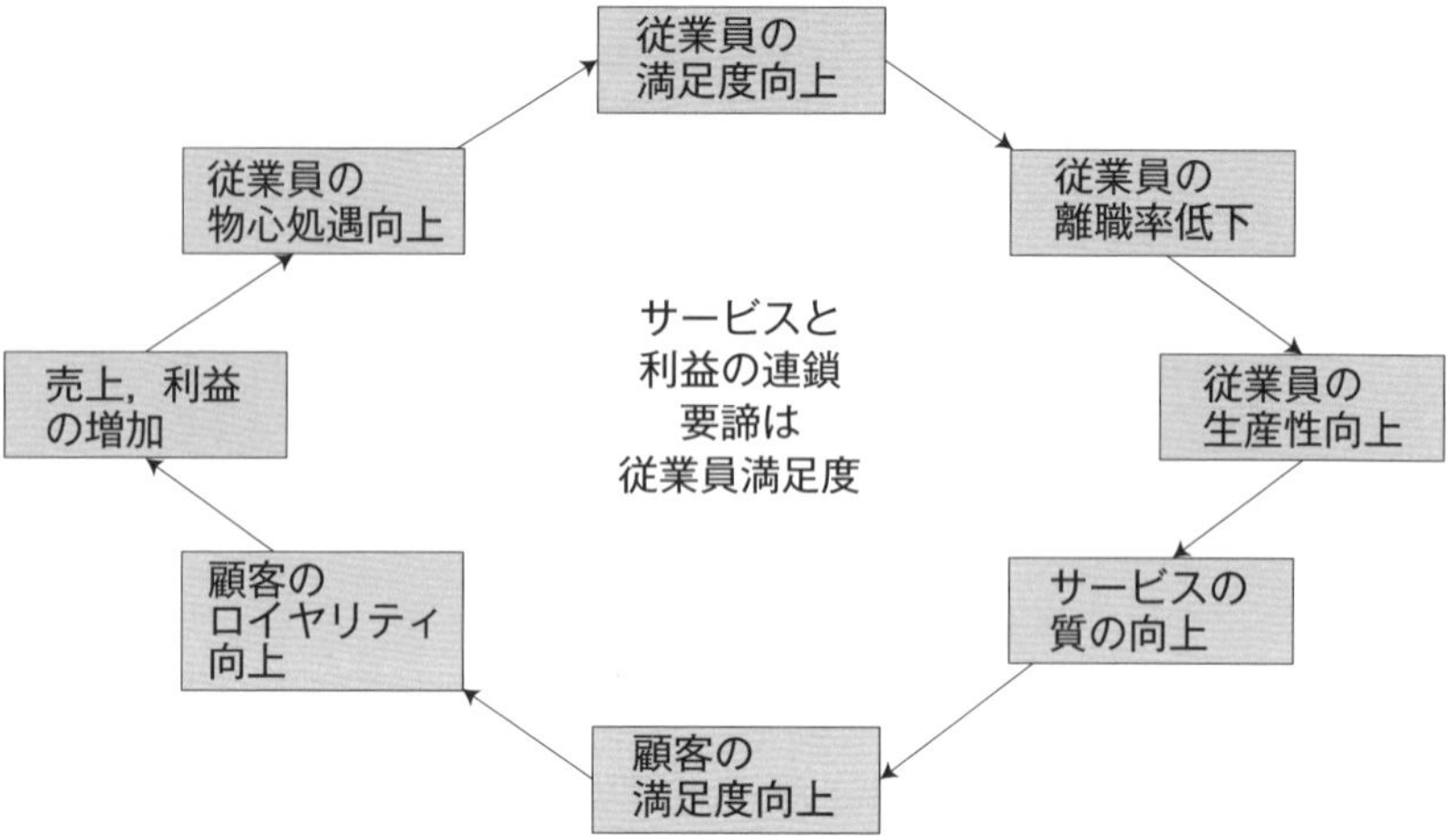

図４　サービスプロフィットサイクル

の３つの役割の中で、「仕事を通じて働く人たちを生かす」ことを強調しています。[14][15]「現代社会においては、組織こそ、一人ひとりの人間にとって、生活の糧、社会的な地位、コミュニティとの絆を手にし、自己実現を図る手段です。当然、働く人を生かすことが重要な意味をもつ」と述べ、組織における人材育成の重要性をいっています。やはり経営においても、人間教育、人材育成を第一に考えなければなりません。

一方、サービス業は一般の製造業と異なり、生産現場が一定の工場等の場所ではなく、顧客と従業員が接する点、すなわち顧客と接する場所となり、そこでの従業員の対応の質が顧客満足度に決定的に影響を与えます。[8]また、従業員のサービス提供の質は従業員の満足度が反映されますので、満足度の高い従業員は顧客に提供するサービスの質を向上しようという動機づけが働きます。その結果として顧客満足度もさらに向上するという連鎖が期待されます。このマネジメント手法は多くのサービス業で採用され、効果を上げています。ホテル業界では、クレドで有名なリッツカールトンホテル、医療分野では米国のメイヨークリニックなど多くの医療機関でも活用されています。このマネジメント手法をサービスプロフィットサイクルとしてまとめ、図４に示します。

したがって、サービス業においてその品質を決めるのは従業員の満足度に依存するといって過言ではないでしょう。逆に従業員が満足して仕事をしないかぎり、質の高いサービスは提供できないし、顧客はこころから満足しないことになります。このため、質の高いサービスを提供するためには、従業員が満足できるようなやりがい、職場環境をつくり、従業員一人ひとりが成長できる人材育成のバックアッププログラムを構築することが不可欠です。

成功している多くのＣＣＲＣでは、人材教育・育成を第一の重要課題とし、ミッションをつくる、提供する価値を決める、ビジョン・価値をつくりあげていく行動方針を決め、実行を促すといった、理念に基づいた経営を行っています。

代表的なＣＣＲＣとエリクソンシニアリビング

米国のＣＣＲＣ開発・運営事業者

米国では、高齢者住宅を企画・開発する事業者を高齢者住宅開発事業者と呼び、確固たる産業として確立されています。米国の高齢者住宅は、特に後期高齢者のニーズに対応する形で、さまざまな商品企画の高齢者住宅を発展させてきました。アメリカ高齢者住宅協会が２００４年に発表した資料における全米の高齢者住宅開

表4　米国の高齢者住宅開発・運営事業者

	会　　社　　名	運営室数	運営物件数	平均室数
1	サンライズシニアリビング	39,310	374	105
2	ホリデーリタイアメント	34,962	294	119
3	PCM	24,802	13	1,908
4	ライフケアサービス	23,381	81	289
5	エメルタスアシステッドリビング	14,709	174	85
6	アトリアシニアリビング	13,822	131	106
7	アルテラヘルスケア	13,789	315	44
8	アメリカンリタイアメント	13,062	66	198
9	エリクソンシニアリビング	11,664	12	972
10	ブルックデールリビングコミュニティ	11,499	62	185

出所：(1)

発・運営事業者の上位10社を表4に示します。以下に特色のあるCCRCを運営する4つの企業について説明します。(1)(16)

サンライズシニアリビング

最大手のサンライズシニアリビング社は、直近では481の高齢者住宅を運営し、5万8200室を運営しています。(16)

またサンライズの主力としている商品サービスは「支援型住まい」で生活支援サービスを行うものであり、全体の52％を占めるところが特徴的です。次に「自立型住まい」でのサービスが23％となっています。入居率は平均で94％です（2006年）。2003年にマリオットシニアリビングサービス社を買収したことにより、運営室数が1万6000室から4万2800室と一気に拡大しました。

サンライズ社は、創業者である現会長兼CEOのクラッセン氏とその夫人が、1981年、首都ワシントンに隣接するバージニア州に建てた1軒のサンライズホームから始まりました。自立した生活を支援しながら入居者個々のニーズや好みに対応する形でサービスを提供するという、一貫した入居者中心主義に基づきシニアの生活の質の向上をめざし、発展してきました。そのサービスビジョンは自立の促進、自由な選択、尊厳の保護、個性の尊重、家族や友達との関わりを重視することです。

このビジョンに基づき、入居者のニーズに合ったサービスやヘルスケアのオプションをつくりあげています。スタッフはこのビジョンをベースに教育され、入居者がサンライズホームの環境に順応していくのではなく、ホームやスタッフが入居者の一人ひとりのニーズに合わせていくというサービスを構築しています。

■ホリデーリタイアメント

サンライズ社がマリオット社を買収して成長する前まで、最大の運営事業者であったのがホリデーリタイアメント社[1]であり、高齢者住宅の所有会社としては、米国、全世界ともに最大規模です。所有物件数としては、2004年7月には米国内に283ヶ所、3万3628室を所有し、カナダ、イギリスを含めると8万室以上所有しています。本社はオレゴン州セーラムにあります。

同社は、1971年、コルソン&コルソン建設という町の工務店からスタートし、建設コストを他の高齢者住宅開発事業者より安くし、また食材を一括購入することなどコストダウンを図りました。そしてターゲットを「自分で車を運転して買い物に行くことはできる。だが、食事づくりや自宅を維持するのが大変になった。しかし介護人はいらない、身のまわりのことを少し助けてくれればよい」といった比較的元気な高齢者に絞り込み、利用料金を下げるというコンセプトで発展してきた企業です。

そして、75歳以上の平均的中間所得層をターゲットに絞り込み、賃貸料金を極力抑える努力を行ってきました。ホリデーリタイアメントの平均入居率は90％ですが、全体の3割以上の高齢者住宅が100％の入居率です。入居者との契約形態はすべて月極賃貸で、通常の賃貸マンションに入居する場合と契約形態は変わりません。平均家賃は1700ドルで、この家賃には3食の食事、社交・スポーツサービス、移送サービス、週1回のメイドサービスなどの基本サービスに電気、ガス、水道料金が含まれています。

■ライフケアサービス

ライフケアサービス社は[1]、1961年に設立されており高齢者住宅の業界では老舗で、本社はアイオア州にあります。過去40年以上の歴史の中で、同社は延べ180以上のCCRCを開発してきました。直接の運営物件は2004年時で、81コミュニティ、2万3381室を管理しており、平均の居室数は289室です。最近では、ライフケア社以外の企業が開発したコミュニティの管理を請け負う事業も展開しており、入居率の低下したコミュニティの再生には定評があります。

ライフケア社の特色は、CCRCの開発、運営、マーケティングに特化し、「支援型住まい」や「介護型住まい」を完備していることです。これは、高齢者がわざわざ家を処分してまで高齢者住宅に移り住む動機は、「支援型住まい」や「介護型住まい」が、高齢者住宅の同じコミュニティ内にあることの重要性を経験的に理解しているからです。また、終の棲家として高齢者住宅を選択させる大きな要因は、身体能力が衰えたときに、同じコミュニティ内で、支援・介護が受けられるからです。米国では、90年代に「支援型高齢者住宅」が飛躍的に増加したわけですが、この時期にもCCRC内に「支援型住まい」を併設していたので、多くの高齢者の支持を得て大きく成長することになりました。

■エメルタスアシステッドリビング

エメルタスアシステッドリビング社は[1]、「支援型高齢者住宅」がブームになる数年前の1993年、「介護型高齢者住宅」で経験のある3人が、前身であるアシステッドリビングオブアメリカを共同で創設し、それを発展させてきた比較的新しい企業です。本社は西海岸のワシントン州シアトルにあります。ターゲットは、24時間の完全な介護・看護は不必要ですが、自立して生活していくには「支援型住まい」が必要な高齢者です。

エメルタス社の特色は、「支援型住まい」に特化してきたことで、認知症患者や糖尿病患者を対象とした疾病管理プログラムと、脳卒中後遺症やその他の原因による障害のある高齢者にリハビリテーションを行うプログラム等が充実していることです。また、前述のホリデーリタイアメント社と共生関係にあり、コミュニティの数ヶ所はホリデー社のものの近くに位置し、ホリデー社のコミュニティでなんらかの支援が必要になった高齢者の受け皿として発展してきた側面もあります。

エリクソンシニアリビングのケーススタディ

エリクソンシニアリビングは、1981年、ジョン・エリクソン氏によって創設された米国を代表するCCRCを運営しています[17]。エリクソン氏は、それまでフロリダ州で70歳以下の元気な高齢者夫婦の戸建て住宅の開発を行っていました。その事業において、年齢が70歳を超えると疾病や障害をもったり、夫婦のどちらかが亡くなるといった事例を経験するようになりました。その結果、医療・介護の不安がなく暮らせる高齢者住宅がほとんどないのに気づいたのです。

当時、CCRCはありましたが、一時金の返還がなく、富裕層のためのものがほとんどでした。そのような折、友人からメリーランド州ボルチモアの大学（セイントチャールズカレッジ）が廃校になり、売りに出ているという情報を得ました。その廃校を見た瞬間に中間層が入手できるCCRCをつくろうと考え、エリクソンシニアリビング第1号となる「チャールズタウン・リタイアメントコミュニティ」の開発に取り組みました。まず、大学校舎を改修して200室の「自立型住まい」をつくり、満室になった時点で、さらに200室の改修を行いました。その後、入居待機者が500名以上あったので、500室の「自立型住まい」と、「支援型住まい」「介護型住まい」を新築しました。最終的には医療センター、リハビリセンター、訪問介護・看護ステーションをもち、医療・介護の心配のないCCRCをつくりあげました。1993年にすべてが完成し、「自立型住まい」1570室、「支援型住まい」132室、「介護型住まい」270室となりました。このCCRCが人気を集めたのは、多くの中間層が入居できる入居一時金100%返還のシステムと継続したケアを提供するための充実した医療・介護サービスシステムを構築したためです。

この成功を知り、フォード自動車がデトロイトで記念事業として、1993年から協同でヘンリーフォードビレッジCCRCを開発しました。1999年には、チャールズタウンの待機者2000人以上を受け入れるために、メリーランド州でオークレストビレッジCCRCをつくりあげました。オークレストビレッジCCRCは、「自立型住まい」1526室、「支援型住まい」125室、「介護型住まい」240室となりました。これが、エリクソン氏が創設する中間層を対象とした大規模CCRCのモデルとなりました。現在では、開発途中のものも含めて米国9州で16のCCRCを運営しており、2万人以上の高齢者が生活しています。

図5に、廃校になった大学を10年かけてリノベーションし、増築して完成したチャールズタウン・リタイアメントコミュニティを示しました。「自立型住まい」「支援型住まい」「介護型住まい」の中心に医療施設があ

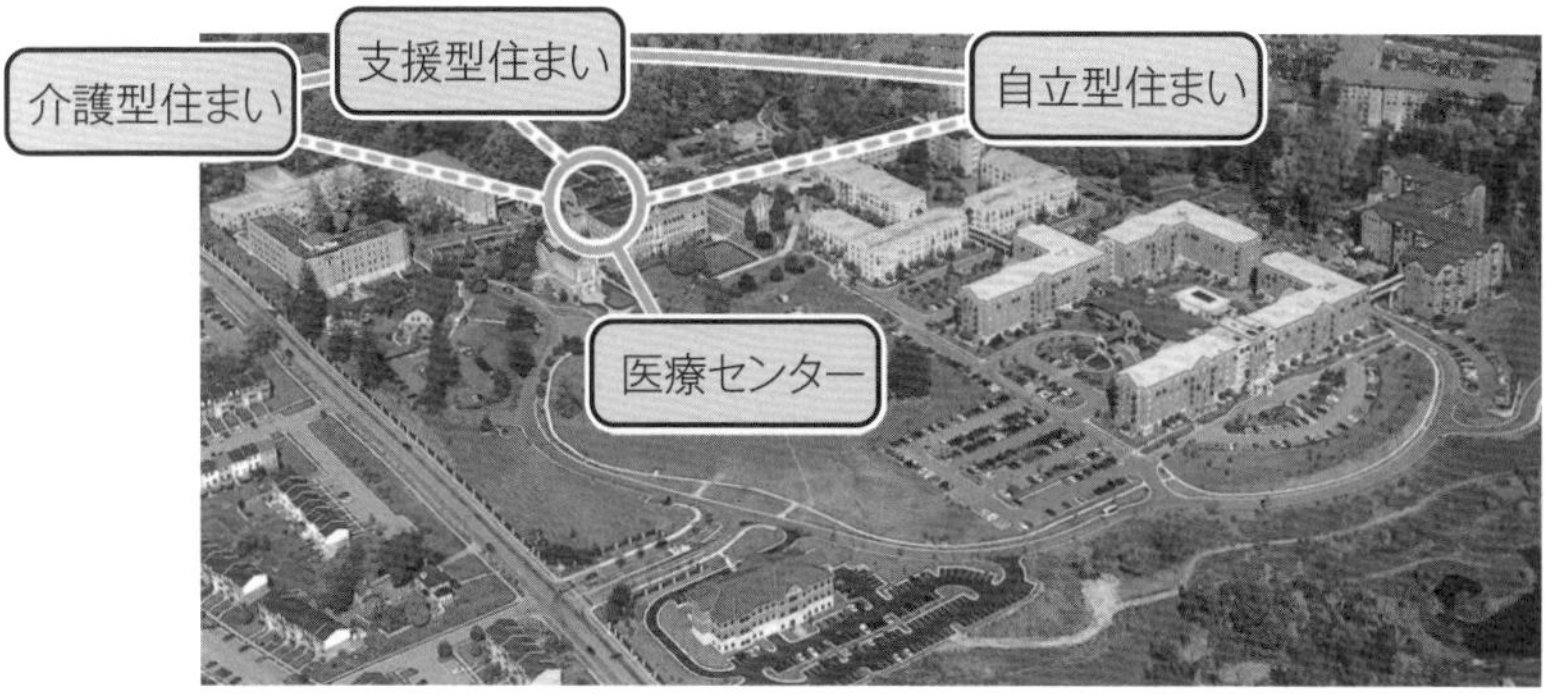

図５　チャールズタウン・リタイアメントコミュニティ

ります。

入居・生活費用は、一時金と月利用料金で賄われています。チャールズタウンのＣＣＲＣの開発費用は一時金で賄われていますが、その一時金は入居者が死亡などにより居室を退去し、次の方が入居したときに、退去者の親族に返還される仕組みになっています。表５にチャールズタウン・リタイアメントコミュニティの居室面積、一時金、月利用料金を示します。

高齢者に医療・看護・介護サービスが必要になった場合、このＣＣＲＣの医療施設には、コミュニティ専属の医師、医療チームが常駐し、医療や予防プログラムを提供しています。医療施設には、継続的に機能訓練するためのリハビリテーション施設があり、急性期病院から退院してきた患者に対して集中的なリハビリテーションを提供し、一日も早く「自立型住まい」に帰れるようにしています。また、24時間心配のないケアを提供する在宅ケア体制、24時間の安心・安全な環境を提供する保安体制がとられています。

このように、ＣＣＲＣでは医師、専門セラピスト、精神セラピスト、専門看護師が連携して医療ケアが提供されます。これらの専門家チームは、高齢者ケアに専念してきており、公的医療制度（メディケア）から

表 5　チャールズタウン・リタイアメントコミュニティの居室面積，入居一時金，月利用料金

居　室　名	居室面積（㎡）	入居一時金		月利用料金（円）
		（ドル）	（円）	
アディドン	34.4	84,000	8,400,000	112,300
アボット	51.9	107,000	10,700,000	116,800
ブライトン	65.2	149,000	14,900,000	129,100
エリコット	74.7	181,000	18,100,000	135,800
ドーバー	78.2	185,000	18,500,000	134,200
フレモント	80.8	186,000	18,600,000	135,800
ギルバート	88.4	201,000	20,100,000	153,000
フランクリン	93.5	229,000	22,900,000	154,600
グリーンウッチ	93.8	222,000	22,200,000	154,600
ハリソン	92.4	231,000	23,100,000	156,000
ハスティング	98.9	242,000	24,200,000	169,300
ジェームスタウン	99.4	250,000	25,000,000	169,300
ジャクソン	100.0	260,000	26,000,000	169,300
ジェファーソン	101.4	260,000	26,000,000	169,300
ハウソーン	103.4	262,000	26,200,000	169,300
キングストーン	111.1	285,000	28,500,000	170,900
マンチェスター	126.0	340,000	34,000,000	182,600
ランカスター	133.8	373,000	37,300,000	186,500
モンティセロ	174.4	480,000	48,000,000	216,600

＊ 1 ドル＝ 100 円，1SQF（スキュアフィート）＝ 0.093㎡
　月利用料金は 2 人目はプラス 554 ドル（55,400 円）
出所：エリクソンシニアリビングの内部資料より

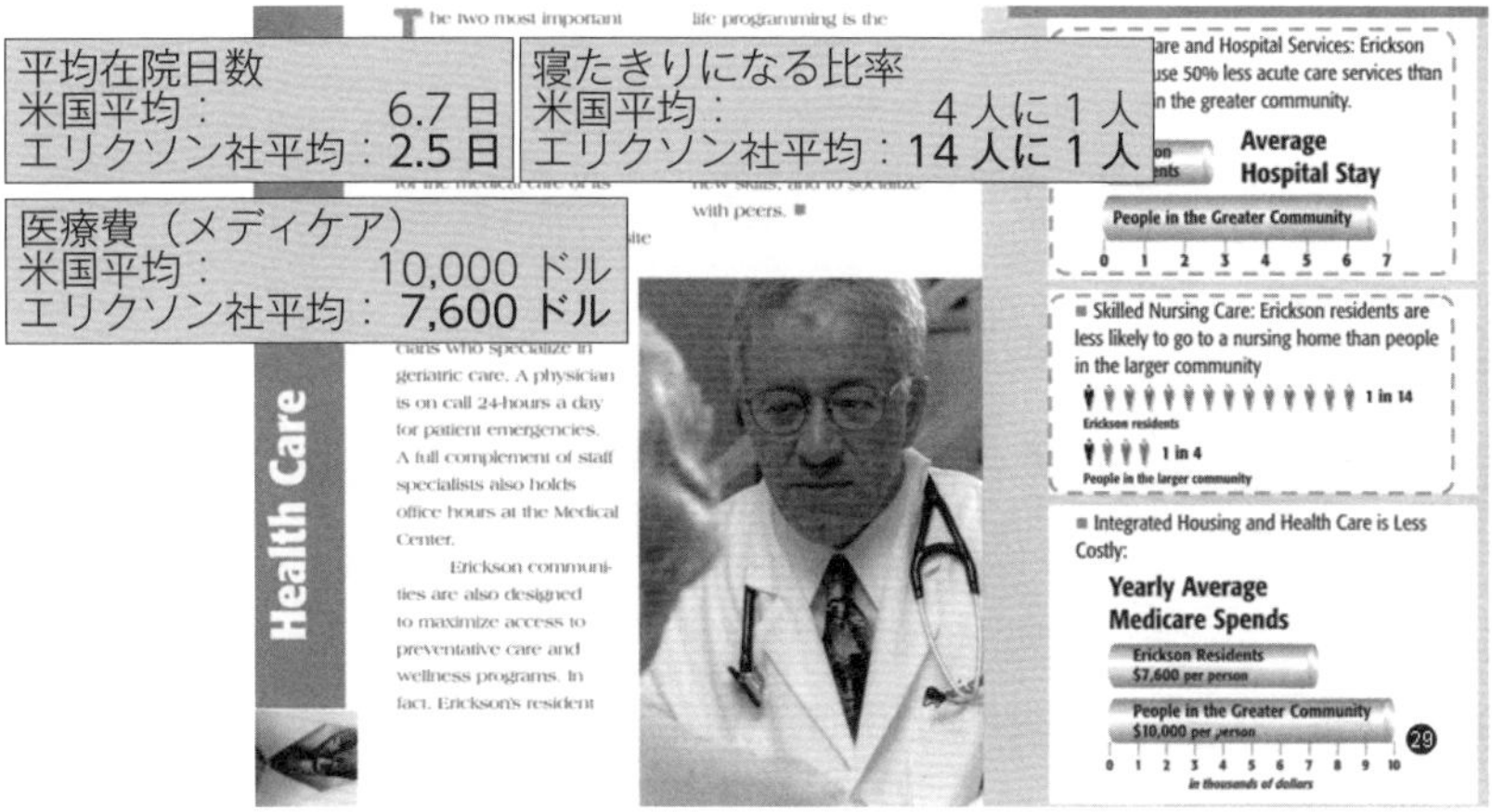

出所：(10)

図６　CCRC の医療における効果

支払いも受けています。入居者は居住空間でプライバシーが尊重され、迅速にケアを受けられます。CCRCには医療施設があるために、急病になってもスタッフが迅速に支援を行うことが可能となっています。そのために、早期発見、早期治療につながっており、入院期間も短くてすんでいます。医療チームの目標は、患者を居室に早く復帰させ、継続したケアを行うことです。そして、高齢者を担当する介護者は定期的にかかりつけ医と連携をとり、高齢者のリハビリテーションの効果の変化、回復の兆候を見守っています。図６にチャールズタウン・リタイアメントコミュニティの医療における効果についてのパンフレットの内容を示します。これによれば、チャールズタウンの高齢者は、入院した場合の平均在院日数、寝たきりになる確率、医療費とも米国全体の平均値よりも低いことが示されています。

　さて、エリクソンシニアリビングがレベルの高いサービスが提供できる理由のひとつは、その理念にあると思われます。そのミッションは、「人生を祝福するコミュニティをつくるために私たちの衆知を集める（We share our gifts to

プロ意識	・きちんとした身なりをし，常に名札を着用します。 ・前向きな姿勢を維持，促進させ，居住者や同僚に積極的に話をします。 ・誠実に毎日の仕事をし，誠実な給与を得ることができます。 ・仕事や会議に時間厳守であり，常に最善の状態で貢献できるよう準備します。 ・任務と与えられた問題について，一貫して遂行します。 ・私たちは活力に満ち，有能であり，また居住者の財産のすばらしい管財人であるという気持ちで仕事をします。 ・私たちは仕事に誇りをもちます。
気づき	・居住者の変化を観察し，重大な健康問題と居住者の生活における行動の変化を報告します。 ・危険な状況や障害の発生について上司に報告し，安全に仕事をします。 ・コミュニティの目，耳として働き，注意を怠らず，何か不都合な状況が起こった場合，安全担当者にすぐ連絡します。 ・ごみを見つけたらすぐ拾います。
多様性	・すべての居住者と従業員の文化的，愛国的，そして宗教的な慣習を尊重します。 ・私たちはさまざまな伝統，様式，嗜好について理解し，受容します。 ・私たちは難問を解決するために，さまざまな視点から追求します。
学び	・私たちはすべての訓練と教育の機会に参加し，どこに行こうと学ぶことは常に重要であると考えます。 ・コミュニティ外でも中でも，会社でも，新しいアイデアを求め，創意工夫をしていきます。
誠実さ	・直面する困難や問題に対し，率直で誠実であり続けます。 ・とりわけ居住者との関係において，道徳的な過失・馴れ合いに対し厳しくあり続けます。 ・同僚と実績と目標についての率直な話し合いをします。

出所：エリクソンシニアリビングの内部資料より

表６　エリクソンシニアリビング10の価値観

10の価値観	行　動　方　針
思いやり	・常に，居住者，家族，訪問者，そして同僚に敬意を払います。 ・私たちは，高齢者住宅で働いていることを誇りとします。 ・常に礼儀正しく振るまい，廊下では静かに話します。 ・廊下，出入り口，電話を常に居住者に譲ります。 ・常に居住者に対し寛容，親切，穏やかであります。 ・居住者を大切にし，配慮します。
親密さ	・居住者と職員には，笑顔で名前を呼んで挨拶をかわします。 ・私たちは「どうぞ」や「ありがとうございます」を忘れず，礼儀正しく，丁寧な対応をします。 ・私たちはサービスを提供することを楽しみとし，常に楽しく仕事をします。
誇りをもてる顧客サービス	・居住者に質の高いサービスを提供します。 ・サービスの質の向上を追求し続けます。 ・問題の責任の所在と問題解決の責任の所在を明らかにします。そして問題解決し，フォローしてくれる適任者を見つけます。 ・行き先を示すだけではなく，居住者，宿泊のお客様をお連れするか，または目的地に付き添っていく人を見つけて案内させます。
チームワーク	・上司や同僚，他社のリーダーに率直に質問します。 ・常に居住者へのサービス向上にむけて，よりよい方法を探求し，多くの提案を行います。 ・問題を上司や人事担当とともに討議します。 ・忠実にそして直接的に話します。しかし，居住者の個人的情報，同僚の情報の秘密は必ず守ります。 ・手助けが必要だと判断したときは手助けを求め，他の人に手助けが必要なときは助けます。
リーダーシップ	・居住者である高齢者の生活を改善するために熱心に努力します。 ・わが社のすべての領域には，リーダーシップが存在し，職員一人ひとりが率先して問題を解決します。 ・理念と価値観は私たちの成功の基盤です。

create a community that celebrates life)」です。さらに、「サービスバリューチェーン」の基礎となる、提供する価値、行動方針について、エリクソンシニアリビング10の価値観（思いやり、親密さ、誇りをもてる顧客サービス、チームワーク、リーダーシップ、プロ意識、気づき、多様性、学び、誠実さ）について表6に示しました。CCRCでは、スタッフ全員が質の高いサービスを提供できるように、サービスの基準をバリュー（価値）として規定しているケースが多く、実績を上げています。

CCRCでの一日の生活の流れ

次に、CCRCでの一日の流れを紹介します[7]（写真1〜12）。

自立型住まいにご入居のAさん（女性、86歳）

Aさんは2年前にご主人に先立たれ、何かと一人暮らしが不安になってきたことで、娘たちに勧められてCCRCに入居しました。ここを選んだのは、これからどれくらいの費用がかかるか、ある程度目安がつけられるという経済的な理由と、長期間の医療・介護支援体制がベストではないかという考えからです。ご主人が亡くなって、自宅でしばらく寂しい思いをされたようですが、CCRCでの生活は充実しており、来てよかったとおっしゃっています。

朝、Aさんはいつも7時くらいに起き、CCRCの周りを散歩されます。その後、トレーニングルームでマシンを使った運動をしています。このプログラムは、リハビリセンターの理学療法士がプログラムをつくって

写真１　CCRC の外観
（チャールズタウン・リタイアメントコミュニティ）

写真２　「自立型住まい」のエントランスホール

写真３　レストランで談笑しながら食事を楽しむ
「自立型住まい」の入居者

くれています。

通常、運動の後は簡単な朝食をつくり、TVを見ながら一日の予定を確認しています。今日は、午前中絵画教室があり、楽しみにしています。昼食は、いつもは自室でつくり食べますが、日によっては、友達とカフェでおしゃべりをしながらランチを楽しむそうです。

月に2回、金曜日の午後からは医療相談があり、医療センターに行くそうです。医療センターには、看護師・医師が常駐しており、そこでは健康チェックを行い、体調変化、薬剤管理、医療的な不安等相談されているようです。CCRCの医療センターには、Aさんの入居以来の医療データが記録蓄積されており、異常時などそれらのデータとの検証がただちになされ、すぐに対応してくれるため、Aさんは喜んでいます。

CCRCではさまざまな活動を行うことができ、Aさんは陶芸教室に参加し、花瓶や皿などをつくることを楽しみにしています。夕食時Aさんは、少しおめかしをしてCCRC内のレストランに行きます。通常メインディッシュは、魚料理、肉料理、パスタの3種類が用意され、その中からひとつを選べるようになっているようです。友達といろんなお話をし、7時過ぎに居室に帰るそうです。その後、末娘が孫を連れてきてくれ、9時頃までおしゃべりすることが、一番の楽しみだとおっしゃっていました。それから、お風呂に入り、紅茶を飲んで、テレビを見た後、午後11時前にベッドに入り、就寝することにしています。CCRCでは、万が一のときのナースコールがベッドサイドにあり、それを押せばスタッフが飛んできてくれるので、夜も安心して眠れるとのことです。

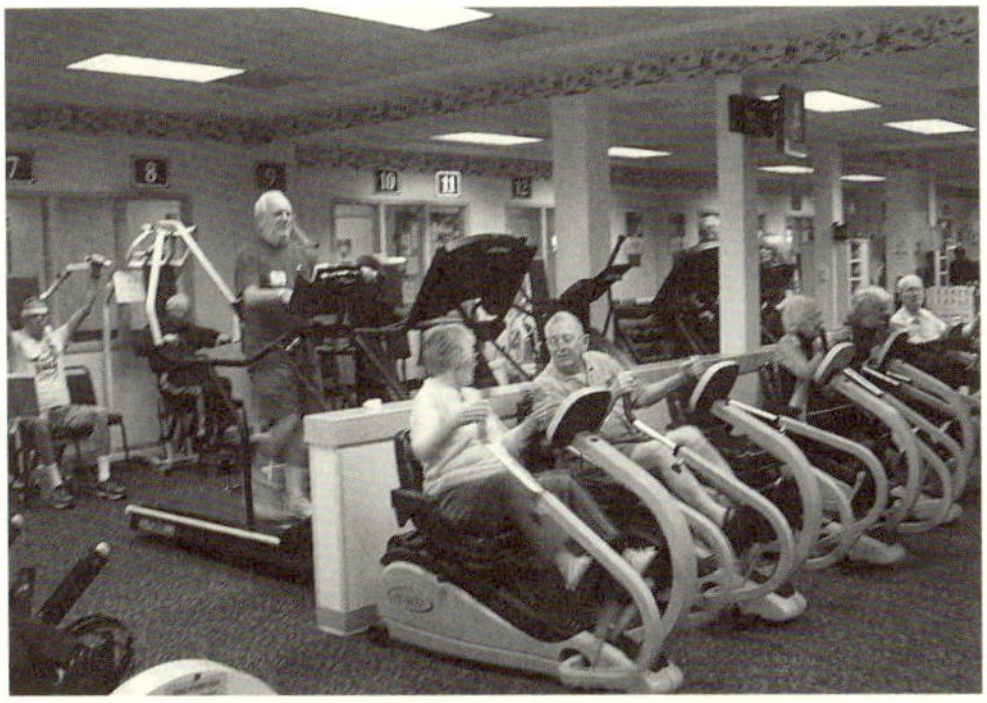

写真４　「自立型住まい」で健康維持
（ウェルネス）に取り組む入居者

写真５　「自立型住まい」のさまざまな文化サークルで
楽しむ入居者（水彩画サークル）

写真６　「自立型住まい」の入居者のボランティア
活動の謝恩会

自立型住まいにお住まいのBさんご夫婦（夫88歳、妻85歳）

Bさん夫婦は、このCCRCから15㎞離れた家で暮らしていましたが、奥様の物忘れが多くなり、歩行やトイレでのふらつきの心配もあり、「自立型住まい」に入居されたそうです。病院で診断してもらった結果、奥様はアルツハイマー初期と診断されたそうです。CCRCに入居するのに、自宅を売って入居一時金をつくられたそうです。ご自宅が売却できるまで半年かかり、その間は入居を待たれたそうです。CCRCを選んだ大きな理由は、CCRC内の医療センターに常勤のドクターがいて、医療・予防サービスが整っていることだったそうです。

奥様は編み物や絵画が好きで、CCRCの編み物サークルや絵画サークルに入り、月に2回のサークルの参加を楽しみにしているそうです。ご主人は、最近覚えたインターネットがおもしろく、パソコンサークルに入っているそうです。また、昔からチェスが好きで、相当の腕前だそうです。いまCCRC内の気の合った仲間と、新しいチェスサークルをつくり、楽しんでいるそうです。このように、午後はそれぞれ好きなサークルで毎日を楽しんでいるそうです。

入居以前は奥様と様々な野菜をつくり、娘さんたちに送り、喜んでもらっていたそうですが、ここには家庭菜園の場があることも魅力的で、ここの菜園でもトマトやじゃかいもなどをつくり、お隣さんに分けたりしているそうです。夕食は、CCRCセンターのレストランで、気のあったお仲間とビールやワインを飲みながら、一日の終わりを楽しんでいるそうです。

支援型住まいにお住まいのCさん（男性、97歳）

Cさんは、奥様が5年前に亡くなり、一人暮らしをしていましたが、トイレで転倒し、大腿部を骨折されました。病院で手術後、リハビリを終えましたが、自宅に戻って一人暮らしをするのには不安があり、CCRCの「支援型住まい」に入居されました。Cさんは、骨折前は自立歩行ができていましたが、骨折後はシルバーカーを使っての歩行になっています。以前は、自分でスーパーマーケットに買い物に行き、食事をつくっていたそうですが、ここでは3食がCCRC内の食堂で提供されています。Cさんは早起きの習慣は変わらず、6時前には起床し、施設内をシルバーカーで散歩され、その後はリハビリセンターでの自転車こぎや、トレッドミルで足腰のトレーニングをしています。朝のリハビリが終わると、食堂で朝食を楽しみ、終わると居室に戻り、新聞をじっくり読んでいます。Cさんは、新聞記事の中でも宝くじの当選記事にたいへん興味があります。若い頃、結構な賞金が当たったことを自慢されています。月に1度はショッピングツアーがあり、センターシティの宝くじ売り場に連れていってもらっています。

通常午前中はテレビを見たり、雑誌を読んだりして過ごしていますが、映画、特にジョン・ウェインの西部劇シリーズが好きで、週に1度、夕方にある映画鑑賞会に隣室の方を誘い合って観にいくそうです。その後、居室へ帰り、テレビを見て、ベッドにつきます。

通常、週に3度のシャワー入浴をし、その際はスタッフが着替えを手伝ってくれ、シャワーを見守ってくれるそうです。ここでの生活で一番いいのは常に周りにスタッフがいて、見守っていてくれることだそうです。

写真７　「支援型住まい」のレストランでの食事

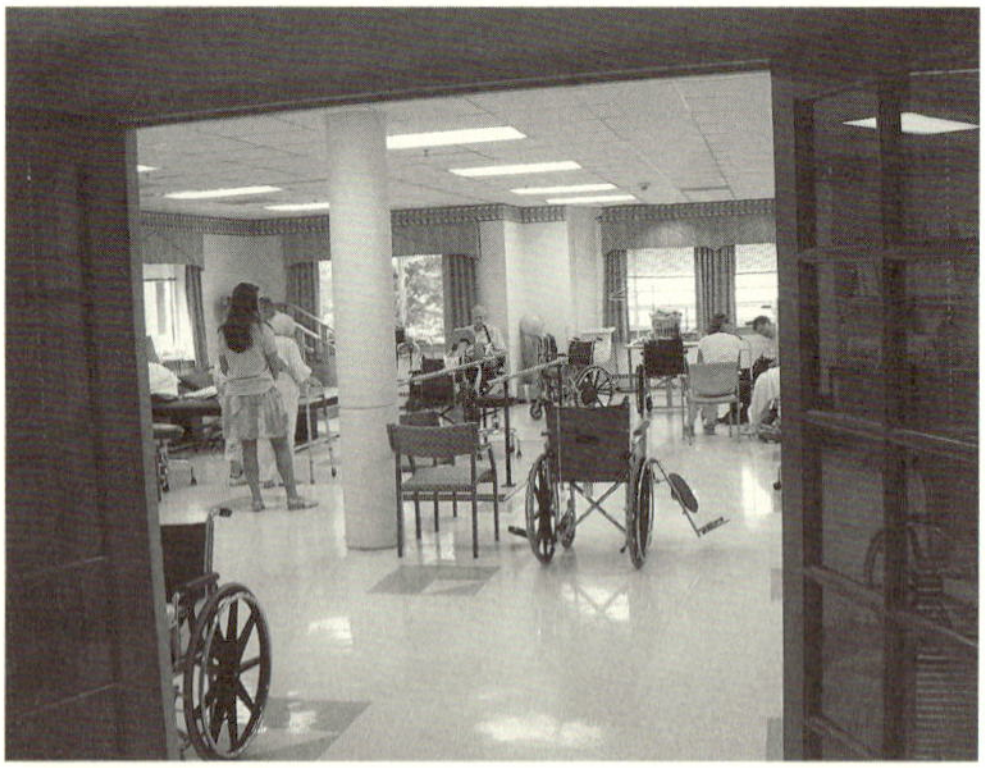

写真８　「支援型住まい」のリハビリテーション

写真９　「支援型住まい」の内部

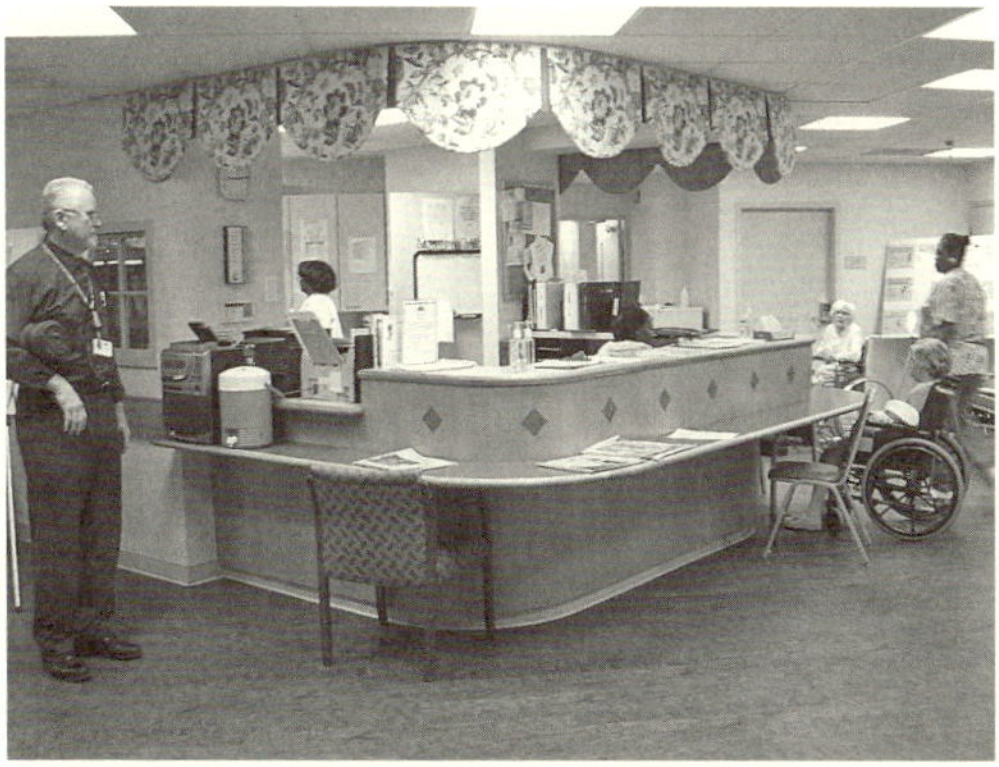

写真 10　「介護型住まい」のケアセンター

写真 11　「介護型住まい」の内部

写真 12　認知症の高齢者が散策する中庭

引用参照文献

（1）窪田昌行ほか『新シニア住宅開発実務資料集』綜合ユニコム、２００７年

（2）窪田昌行・馬場園明「保健・医療・福祉を統合した米国の高齢者終身ケアコミュニティの現状」、『公衆衛生』59巻8号、１９９５年、５６０～５６５頁

（3）U. S. Government Accountability Office, "Continuing Care Retirement Communities Can Provide Benefits, but Not Without Some Risk," Report to the Chairman, Special Committee on Aging, U. S. Senate, 2010.

（4）Anne R. Somers, Nancy L. Spears, *The Continuing Care Retirement Community*, Springer Publishing Company, 1992.

（5）クルーム洋子「アメリカの高齢者住宅とケアの実情」、『海外社会保障研究』１６４号、２００８年、66～76頁

（6）North Carolina Department of Insurance, "Continuing Care Retirement Communities 2010 Reference Guide," 2010.

（7）American Association of Homes and Services for the Aging, American Seniors Housing Association, *Continuing Care Retirement Communities 2005 Profile*, 2005.

（8）ＤＩＡＭＯＮＤハーバード・ビジネス・レビュー編集部『いかに「サービス」を収益化するか』ダイヤモンド社、２００５年

（9）馬場園明『介護福祉経営士テキスト 実践編Ⅱ ２ 介護福祉マーケティングと経営戦略――エリアとニーズのとらえ方――』日本医療企画、２０１２年

（10）Erickson Retirement Communities, "An Introduction to Erickson," 2006.

（11）ヤン・カールソン／堤猶二訳『真実の瞬間――ＳＡＳ（スカンジナビア航空）のサービス戦略はなぜ成功したか――』ダイヤモンド社、２００５年

（12）マービン・バウワー／平野正雄訳『マッキンゼー経営の本質――意思と仕組み――』ダイヤモンド社、２００４年

（13）エリザベス・ハース・イーダスハイム／村井章子訳『マッキンゼーをつくった男 マービン・バウワー』ダイヤモンド社、２００７年

（14）ピーター・Ｆ・ドラッカー／上田惇生訳『マネジメント【エッセンシャル版】――基本と原則――』ダイヤモンド社、２００１年

（15）ピーター・Ｆ・ドラッカー／上田惇生訳『非営利組織の経営』（ドラッカー名著集４）ダイヤモンド社、２００７年

（16）Sunrise Senior Living, "Investor Relations Company Presentation," 2006.

（17）Erickson Retirement Communities, "2006 ANNUAL REPORT," 2007.

第3章

高齢者健康コミュニティ

北欧に学ぶ高齢者ケア

これからのわが国の高齢者ケアのあり方をめぐっては、米国のＣＣＲＣ以外にも高齢者ケアの先進国といわれているスウェーデンとデンマークの高齢者ケアの歴史を学んでみることも参考になります。これらの国でもかつては障害をもった高齢者を病院や施設で管理していた時代もあったのです。

スウェーデンの高齢者ケア

スウェーデンでは高齢化にともない、老人ホームおよび長期療養病院（ナーシングホームも含む）の入所者数は１９７０年代にピークを迎えました[1]。当時、障害をもつ高齢者は長期的な治療を行う医療機関や精神医療施設に入院・入所していましたが、必ずしも医療のニーズがあったわけではありませんでした。入院や入所が長期にわたる場合が多いことから、施設にいることによる弊害も生じていました。老人ホームおよび長期療養病院に代わって１９７０年代から１９８０年代にかけて建設されたのは、サービスハウジングでした[1]。サービスハウジングとは介護サービス付きで警報装置が完備した集合住宅です。高齢者であれば、身近な自治体であるコミューンとの契約で家賃を払って入居できます。所得に応じて住宅手当が払われるので、低所得者でも入居することができます。自分の使ってきた家具や絵画、置物、家族の写真などの部屋への持ち込みは自由ですし、食事も自炊するか食堂で食べるかを選択することができます。また、近親者などが訪問してきたときに泊まることのできる共同のゲストルームも準備されました。選択の自由を保障された点で、老人ホームおよび長

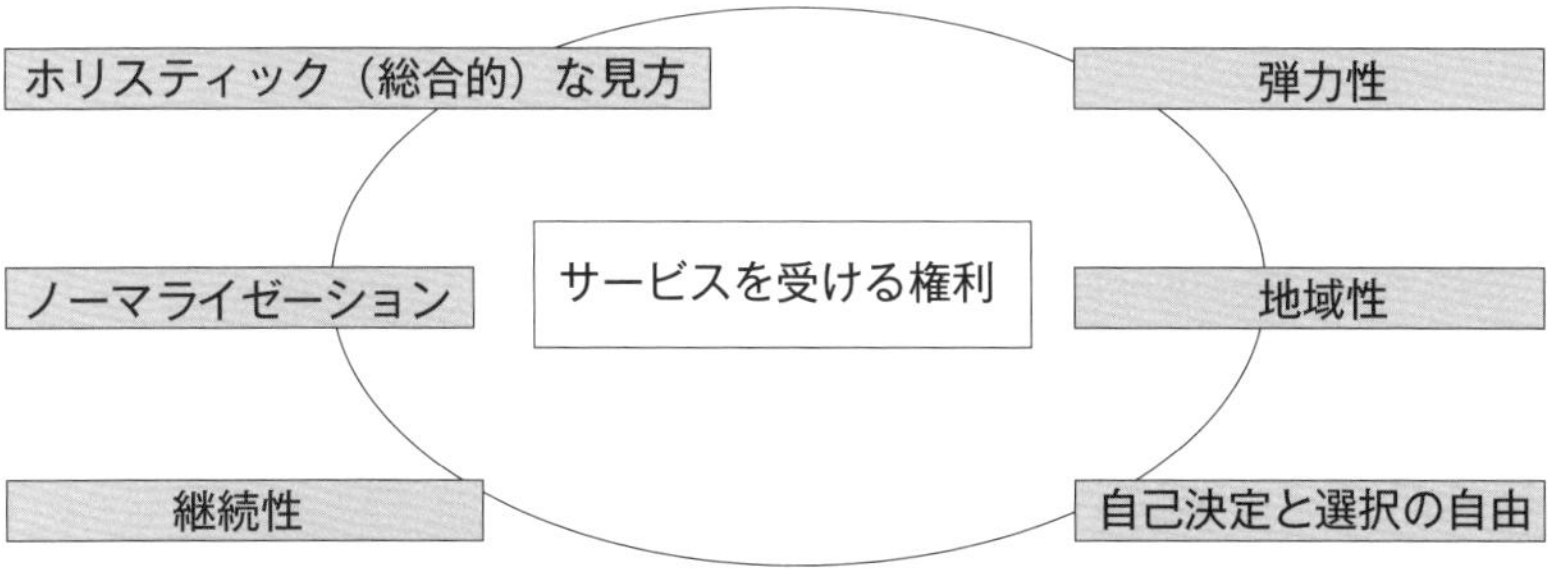

出所：(1) より著者作成

図１　社会サービス法の理念

期療養病院とは大きな差がありました。１９７０年代から１９８０年代にかけてサービスハウジングの普及にともない、在宅医療と在宅介護が拡大していったのです。

１９８２年、スウェーデンでは社会サービス法が新たに施行されました[2]。この法律では個人が自治体のサービスを受ける権利が謳われています。この法律の理念として重視されたことは、図1に示すように、①ホリスティック（総合的）な見方、②ノーマライゼーション、③継続性、④弾力性、⑤地域性、⑥自己決定と選択の自由でした[1]。「ホリスティックな見方」とは、「個人の障害や疾病などに限定するのではなく、生活を含めたすべての面を考慮すること」です。「ノーマライゼーション」とは、「障害があっても普通に生活できること」です。「継続性」とは、「同じスタッフによって継続的にケアされること」です。「地域性」とは、「慣れ親しんだ地域でケアを受けられること」です。「弾力性」とは、「個人のニーズにあったケアを行うこと」です。「自己決定と選択の自由」とは、「本人の意思を尊重すること」です。そして、各人が受ける社会サービスの必要性をコミューンが雇用するケースマネージャーが評価し、これに基づいて提供されることになりました。

１９９２年、高齢者政策の大きな改革であるエーデル改革が実施されました[1]。エーデル改革とは、「高齢者と障害者のための社会的介護と医療について全面的に責任をコミューンに委任し、財源や人材をランスティングからコミューンに移管」したものです。それまでは、スウェーデンでは、医療はランスティングの担当であり、介護はコミューンの社会的サービスの部門が担当していました。ランスティングの看護助手が個人の在宅医療を行い、コミューンのホームヘルパーが在宅介護を行っていたのですが、在宅医療も在宅介護もコミューンが責任をもつことになったのです。そして、エーデル改革によって、「特別な住居」という概念が社会サービス法に導入されました。サービスハウス、老人ホームだけでなく、ランスティングからコミューンに移管されたナーシングホーム、グループホームもこの定義に含まれ、「高齢者住宅」と「高齢者施設」の区別がされなくなりました。これらの高齢者住宅を「特別な住居」と呼んだ理由は、施設ではないということを明確にするためでした。

そして、入居者の介護度に応じて施設を替える制度から入居者が住み続けられる制度になったのです。その結果、高齢者が密度の高い介護を必要とする場合であっても、24時間の在宅介護を受けることなどにより、高齢者が自宅でも生活できるようになりました。また、コミューンに治療が完了した患者や、長期間、身体の治療のために入院している患者の費用の支払いについての権限が与えられたことで、ランスティングの施設で「社会的入院」を行っていた高齢者の数が激減したために、多くの医療を必要とする入院患者を受け入れることができるようになりました。

デンマークの高齢者ケア

デンマークでも同様の歴史的な過程をたどっています。1960年代、1970年代には、デンマークにお

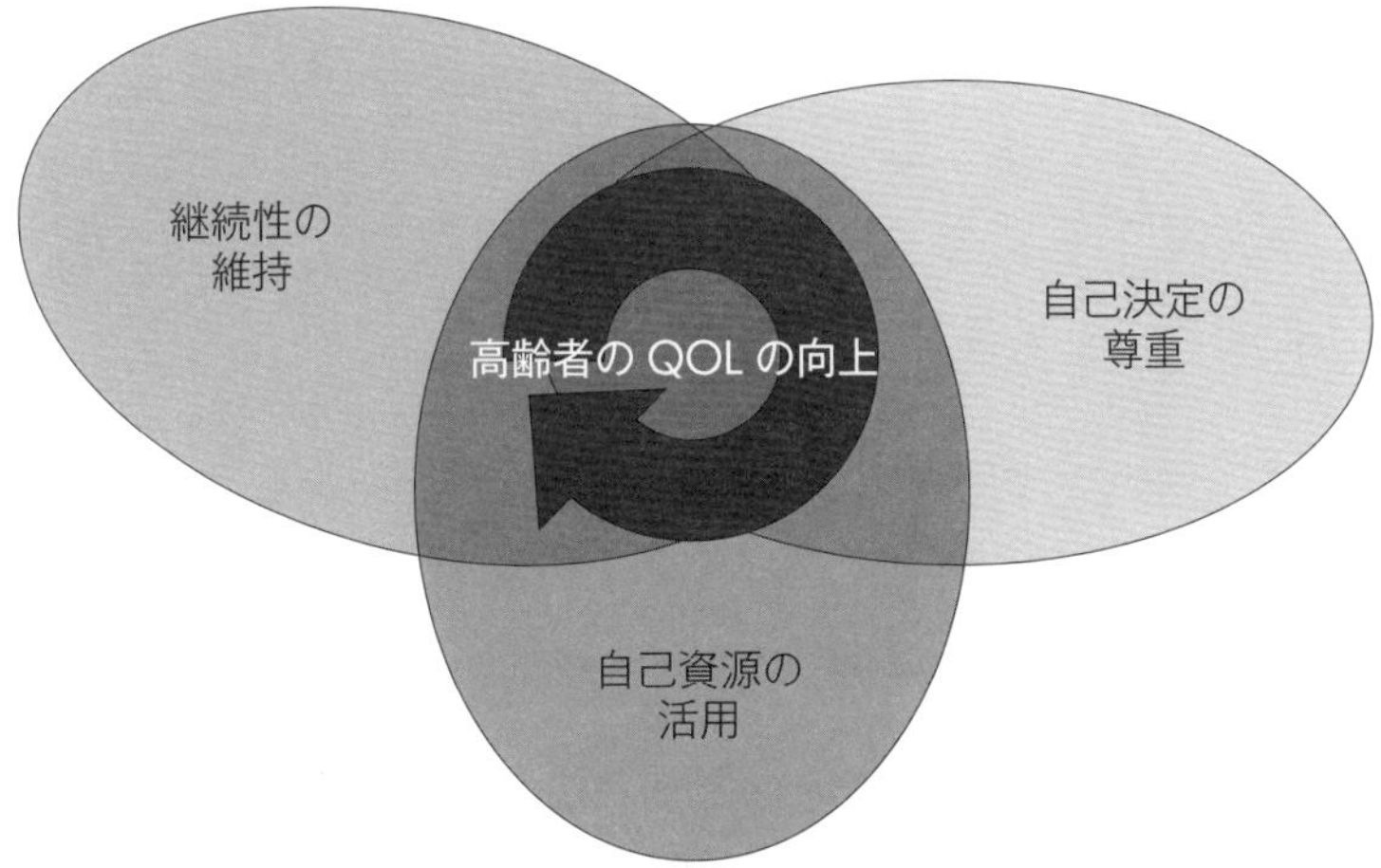

出所：（4）より著者作成

図２　高齢者三原則

いても戦後の経済成長を背景に、ナーシングホームであるプライエムが建設され、65歳以上高齢者人口の約７％が入居できるまでに整備されました[3]。しかし、それでも在宅ケアが不十分であったために、病院や家庭にはプライエムに入所を希望する高齢者があふれていました。また、プライエムでも画一的なサービスと刺激のない生活によって高齢者の生きがいが損なわれていたとされています[4]。

１９７３年、新しいケア体系を検討していくために、政府内に「高齢者政策委員会」が結成されました。「高齢者政策委員会」の目的は「高コストな施設ケアに主眼を置く福祉体系」を見直すことでした。そして、図２に示すように「高齢者三原則」が示されたのです[4]。「高齢者三原則」とは、「継続性の維持（これまでの生活を断絶せず、継続性をもって暮らす）」、「自己決定の尊重（高齢者自身の自己決定を尊重し、周りはこれを支える）」、「自己資源の活用（高齢者がもっている資源に着目して自立を支援する）」から構成されています。すなわち、高齢者政策の主眼は「高齢者が「自分らしい生活をできるだけ長く続ける」ことができるようにすること」に置かれるべきであることが明確にされ、福祉専門職の価値観についても、「高齢者が自分でできないことを代行する」というのではなく、大切なのは、「高齢者の自己決定を尊重し、残された能力に焦点をあてて社会的なつながりをつくりだし、新しい役割を創出する」ことであるとされました[5]。同時に社会的交流の重要性も指摘され、クラブ活動や各種アクティビティなど地域での活動を促進すると同時に、高齢者住宅には、住民同士の交流を深めるような共用空間、共用ルームをつくるという提言がなされました。その結果、①社会的役割と交流の創出、②住まい（居住機能）とケア（ケア機能）の分離という2点の政策の方向性が示されました[5]。デンマークでは、1979年に「高齢者政策委員会」が提唱した「介護対象から生活主体へ、社会的関わりを」という理念と「高齢者三原則」にそって施設建設が禁止され、高齢者住宅の建設と24時間在宅ケアの整備に力が注がれるようになったのです。

そして、1987年から「高齢者・障害者住宅法」に準拠して高齢者住宅が建築されはじめました。この法律による建築基準は、「高齢者や障害者などの車いす利用者に配慮したバリアフリー仕様である」こと、「歩行障害があっても利用に問題が生じない」こと、「24時間緊急呼び出しができる」こと、「台所・トイレを備えた独立住宅である」こと、「67㎡以下の広さであること」でした[3]。高齢者住宅の多くが地域交流センターやリハビリテーションセンター、レストラン、在宅ケアステーションからなる複合施設に隣接していますが、高齢者住宅居住者のみで利用する閉鎖的なものではなく、広く地域の高齢者に開放されているのが特徴です。

1989年にラウアコムーネに建設された「ヴィダゴー」は、その後のデンマークの高齢者住宅のモデルとなるものでした[5]。ヴィダゴーは、図3に示すように中央棟と高齢者住宅などからなっています。中央棟には、「地域の高齢者にサービスを提供する（アウト機能）ゾーン」と「やって来る高齢者にサービスを提供する（イ

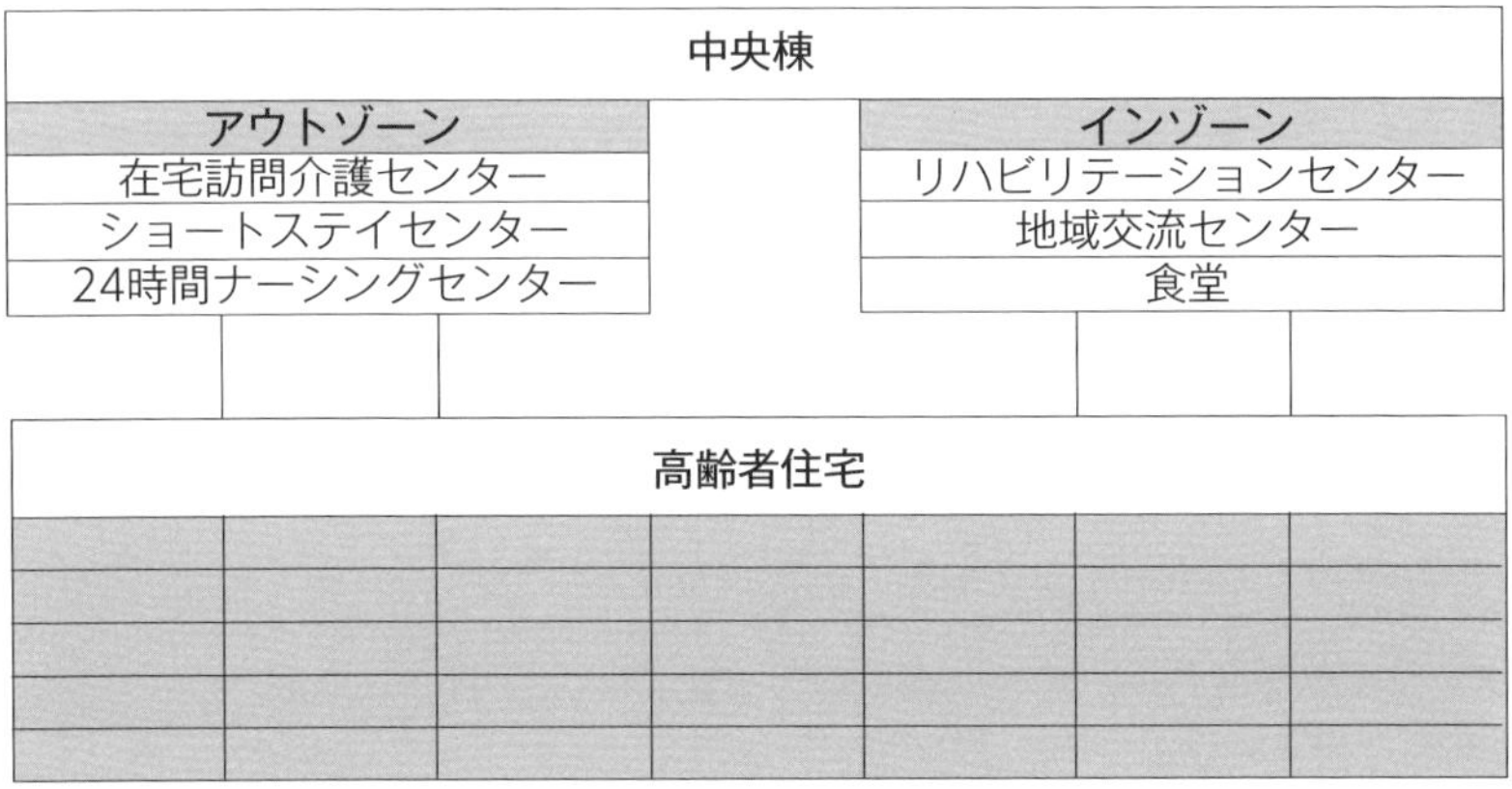

出所：(2) より著者作成

図３　ヴィダゴーの模式図

ン機能）ゾーン」があります。「アウト機能」というのは、サービスを地域に住む高齢者たちに届ける（take out）という意味であり、「イン機能」というのは高齢者が遊びに来る（come in）という意味です[5]。「アウトゾーン」には、在宅訪問介護センター、ショートステイセンターと24時間ナーシングセンターが完備されています。ショートステイは在宅で高齢者を介護している家族にとっては短期間高齢者を預かってもらって休養ができる貴重な資源です。「インゾーン」には、リハビリテーションセンター、地域交流センター、食堂が設置されています。ヴィダゴーは、高齢者住宅とそこに住む高齢者の介護施設として完結しているのではなく、地域の包括的な高齢者ケアのセンターとしての機能を果たしているのです。

１９９６年「高齢者・障害者住宅法」が改正され、「高齢者住宅にサービスエリアを付けて、プライエボーリ（介護型高齢者住宅）を建築してもよい」ことになりました[4]。サービスエリアとは、リハビリ室・フットケア室・職員の詰め所・食堂などの共用施設のことです。プライエボーリは10戸ほどの住居をユニットとし、広い共用の居間・食堂を囲むような形で配列され、オープンキッチンなど居住者が家事に参加しやすい工夫がこらされています。プライエボーリは、「サービスエリアが付帯した、24時間介護付きの高齢者住宅」ともいえます。プライエボーリの居住者は在宅の高齢者と同様に、一人ひとり必要なサービスについてのアセスメントを受け、ケアプランに基づくサービスによる支援を受けながら、自立した生活を継続することができます。なお、介護サービスはプライエボーリ内部のスタッフから提供され、夜間は外部の在宅チームからサービスを受け、医療サービスは地域の家庭医やリハビリスタッフから必要に応じて提供されるのが一般的です。

デンマークでは、「住まいとケアの分離」理論にのっとって、地域に公営賃貸住宅としての「高齢者住宅」と、内部スタッフと外部の在宅チームによる24時間在宅ケアを整備しています。このシステムによって、高齢者の変わっていくニーズに対応し、最期まで地域で尊厳をもって自立して暮らせる地域居住（Aging in place）を実現していると思われます。[6]

今後の高齢者ケアのあり方

これまでのわが国の高齢者ケアは、ケアを受ける側から考えれば、管理されるといった側面が強かったことは否定できません。しかしながら、高齢者も自分の意思が尊重されるケアを望むようになっています。マズローは、図4のように人間の基本的欲求を低次から、「生理的欲求」「安全の欲求」「所属の欲求」「自尊の欲求」「自己実現の欲求」の5段階に分類しました。[7] 欲求には優先順位があり、低次の欲求である「生理的欲求」「安全の欲求」が充足されると、より高次の欲求である「所属の欲求」「自尊の欲求」「自己実現の欲求」に段

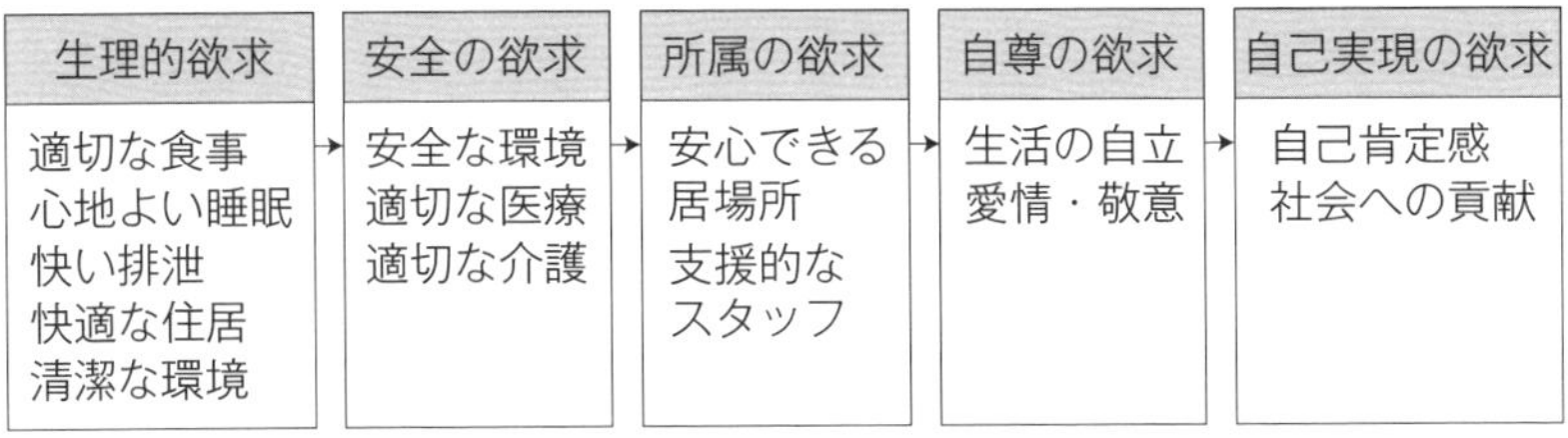

出所：(8) より著者作成

図４　マズローの５段階の欲求と高齢者のニーズ

表１　管理モデルと支援モデル

モデル	管理モデル	支援モデル
目　　的	疾病・障害の管理	生活の質・人生の質の向上
ケアの決定者	医師・管理者	本　　人
場　　所	医療・福祉施設	生活の場
ケアの優先順位	診断，治療優先	自立するための支援優先
スタッフの役割	指導・管理・お世話	心理的・物理的支援
本人の役割	指示の遵守	自立して生活を楽しむ
食事の優先順位	栄養管理重視	自分でおいしく食べること重視
財　　源	医療保険・介護保険	個人資産，医療保険・介護保険

出所：(8) より著者作成

階的に移行するとしました。「生理的要求」では、適切な食事、心地よい睡眠、快い排泄、快適な住居、清潔な環境、「安全の欲求」では、安全な環境、適切な医療、適切な介護、「所属の要求」では、安心できる居場所、支援的なスタッフ、「自尊の要求」では、生活の自立、愛情・敬意、「自己実現の要求」では、自己肯定感と社会への貢献などがあげられるでしょう[8]。

したがって今後の高齢者ケアでは、表１に示すように管理モデルから自分の意思が尊重される支援モデルへのパラダイムの転換が求められています[8]。ケアの目的は、管理モデルでは「疾病・障害の管理」でしたが、支援モデルでは「生活の質・人生の質の向上」になります。ケアの決定は、管理モデルでは「医師・管理者が決定」してきましたが、支援モデルでは「高齢者本人が選択」することになります。ケアを受ける場は、管理モデルでは「医療・福祉施設」でしたが、支援モデルでは「生活の場」になります。ケアは、管理モデルでは「診断、治療優先」でしたが、支援モデルでは「自立するための支援優先」になります。ケアを行うスタッフの役割は、管理モデルでは「指導・管理・お世話」でしたが、支援モデルでは「心理的・物理的支援」になります。本人の役割は、管理モデルでは「指示の遵守」でしたが、支援モデルでは「自立して生活を楽しむ」になります。食事に関しては、管理モデルでは「栄養管理重視」でしたが、支援モデルでは「自分でおいしく食べること重視」になります。財源は、管理モデルでは「医療保険・介護保険」でしたが、支援モデルでは「個人資産、医療保険・介護保険」になります。今後の日本の財政状況を考えると公的な資源に頼るだけではなく、自分の個人資産を使って自分の「生活の質・人生の質」を高めるとともに若い世代の雇用をつくりだしていく必要があるでしょう。

高齢者健康コミュニティの理念と原則

高齢者に対し、「継続したケア」を行うために、自立して生活できる段階から支援や介護が必要な段階まで「生活の活動レベルによって住まいを替えていく」システムによって、生涯、同じコミュニティ内で生活できるというアイデアは、普遍性があると考えられます。一方、日本の介護施設の問題点のひとつは、さまざまな生活の活動レベルの高齢者に対して同様のサービスを提供していることです。このためサービスのヴァリエーションに乏しく、「自由や選択が尊重される」というよりも、「収容して管理される」といったイメージが強くなりがちです。さらに、日本の介護施設は医療との連携を欠くことが多く、脳卒中や急性心筋梗塞などになると介護施設に戻ってくることができなくなりケアの連続性が絶たれてしまいがちになっています。高齢者にできるだけ長く自立した生活を送ってもらうためには、疾病や障害の予防活動、慢性疾患の管理、リハビリテーション、急性期病院との連携が必要であり、このような医療ニーズに対応するために、医療機関が関わっていくことの意義は大きいと思われます。

わが国では土地のコストと広さを考えると、大規模のＣＣＲＣの機能をひとつのキャンパスで提供していくことは簡単ではありません。そこで、高齢者住宅を中心として生活支援サービス、医療サービス、介護サービスを提供する複合施設を核とした、複数の高齢者住宅をネットワークで支援する「高齢者健康コミュニティ」が現実的な選択肢となると考えます。「高齢者健康コミュニティ」は、「地域包括ケアシステム」の要件である、①医療との連携強化、②介護サービスの充実強化、③予防の推進、④見守り、配食、買い物など、多様な生活支援サービスの確保や権利擁護、⑤高齢期になっても住み続けられる高齢者住宅の整備を満たす必要があります。

「高齢者健康コミュニティ」の理念は、「高齢者が自分の人生を前向きに肯定して統合すること」を支援することです。すなわち、「高齢者が自分の人生はよいことも辛いこともあった、さまざまな方にお世話になったが自分も社会に貢献できた、生まれてきてよかった、と統合すること」を支援するのです。そして図５に示すように、「本人の意思の尊重」、「残存機能を活用した自立支援」、「生活とケアの連続性の維持」を「高齢者健康コミュニティ」の三大原則とします。「高齢者健康コミュニティ」の定義は、「生活支援・健康支援・介護・医療サービスを提供する複合施設と自立型、支援型、介護型高齢者住宅および高齢者の自宅をネットワークで

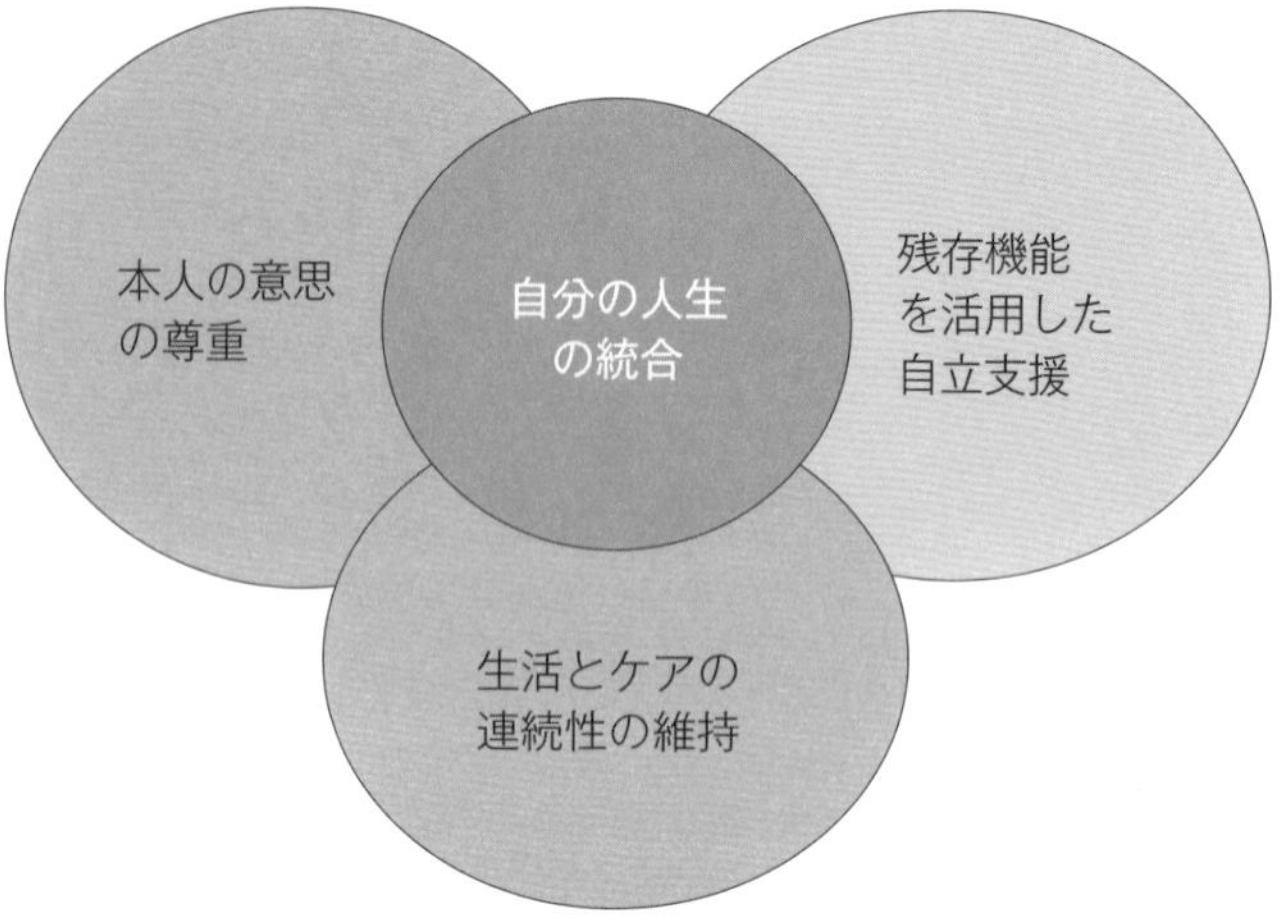

図５　「高齢者健康コミュニティ」の三大原則

結び、地域包括ケアシステムの機能を満たすコミュニティ」とします。すなわち、「高齢者が年を経るごとに変わっていくニーズに応じて、継続して同じ場所で自分の意思が尊重された生活ができるように、介護の機能をもつ高齢者住宅、リハビリテーション施設、介護事業所、地域交流センター、在宅療養支援診療所、訪問看護ステーションなどを備えた複合施設を核として、他の自立型、支援型、介護型の高齢者住宅、高齢者の自宅および病院をネットワークで結び、地域包括ケアの機能も果たす一連のシステム」なのです[9]。そうすれば、図６に示すように「高齢者健康コミュニティ」では高齢者に新しい安心・安全なライフスタイル（生活様式）や予防サービスを提供でき、生活の質を向上させることができます。また、高齢者が、脳梗塞、心筋梗塞等を発症し、急性期病院に入院した場合でも、「高齢者健康コミュニティ」で受け入れがスムーズに行えるために、医療資源の効率的な利用につなげることができます。

「高齢者健康コミュニティ」では、生活支援・健康支援・医療・介護サービスが提供されます。表２に「自立型住ま

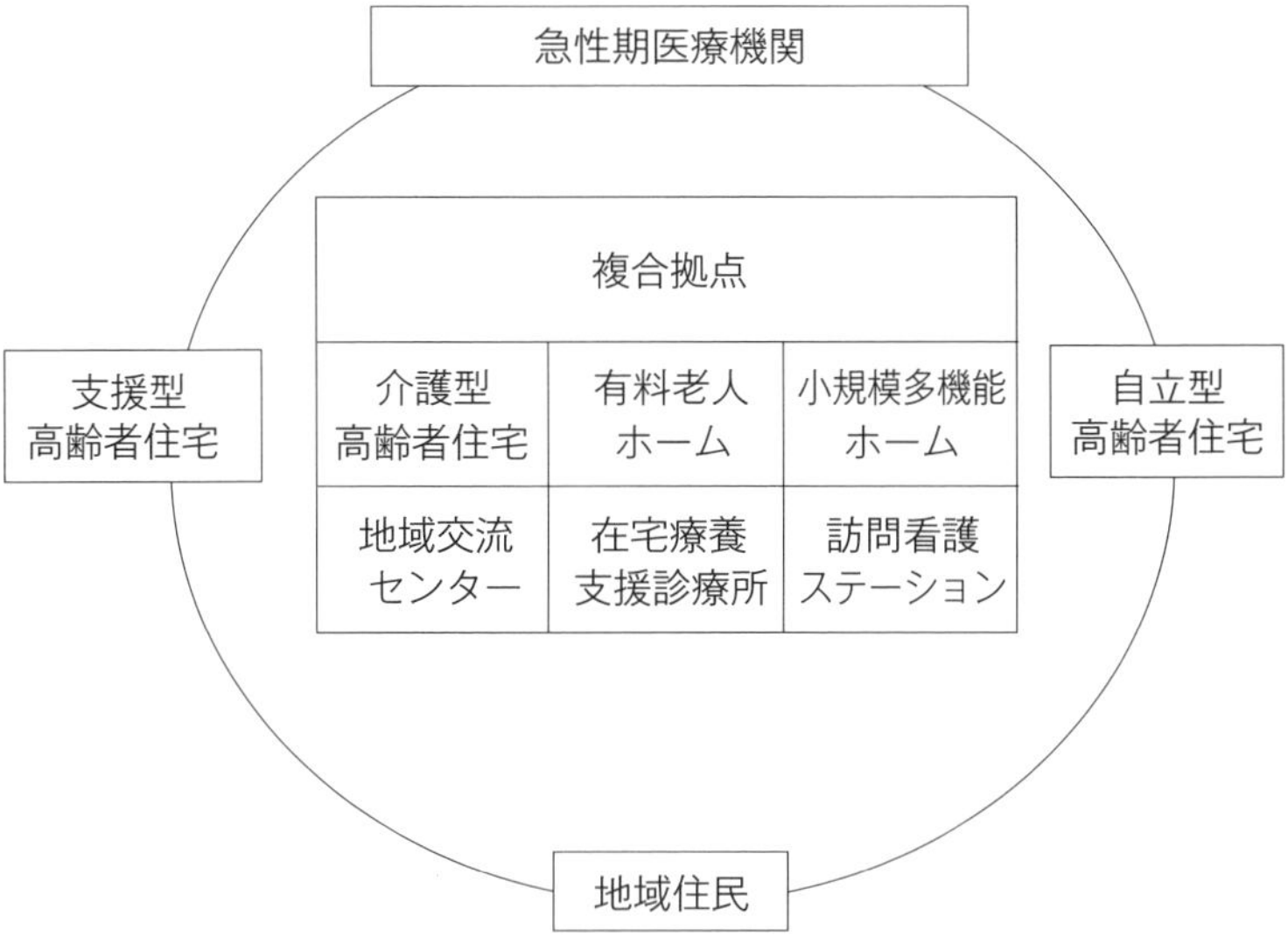

図６「高齢者健康コミュニティ」のモデル

い」「支援型住まい」「介護型住まい」で提供されるサービスを示しました[10]。

生活支援サービスでは、風呂・着替え・食事等の呼びかけサービス、買い物等の支援、行事参加への手助け、風呂・着替え・身支度の介助、食事の介助、歩行の介助、排泄・入浴の介助、移動の介助が、「支援型住まい」、「介護型住まい」で提供されます。部屋での食事サービスは、「介護型住まい」のみで提供されます。健康支援サービスでは、看護師による健康相談サービス、24時間の非常時応答サービス、健康食品サービスは、すべての「住まい」で提供されます。健康診断、生活習慣病の予防、認知障害の予防は、「自立型住まい」と「支援型住まい」で提供されます。医療サービスでは、他医療機関の定期受診の看護師同行、訪問看護、在宅医療、事前指示書作成の支援は、「支援型住まい」「介護型住まい」で提供されます。24時間対応の訪問看護・在宅医療は、「介護型住まい」のみで提供されます。介護サービスでは、ケアプラン

表 2 「高齢者健康コミュニティ」の「住まい」と提供されるサービス

	サービスの種類	自立型	支援型	介護型
生活支援サービス	ケアチームによる全体サービスの計画	○	○	○
	見守り・安否確認サービス	○	○	○
	生活相談サービス	○	○	○
	権利譲渡の手続きの支援	○	○	○
	住居の掃除，メンテナンス	○	○	○
	リネンサービス	○	○	○
	洗濯サービス	○	○	○
	失禁用品のサービス	○	○	○
	24 時間非常応答サービス	○	○	○
	移送サービス	○	○	○
	食事サービス	○	○	○
	娯楽文化の行事	○	○	○
	理美容サービス	○	○	○
	ゲストの宿泊サービス	○	○	○
	風呂・着替え・食事等の呼びかけサービス		○	○
	買い物等の支援		○	○
	行事参加への手助け		○	○
	風呂・着替え・身支度の介助		○	○
	食事の介助		○	○
	歩行の介助		○	○
	排泄・入浴の介助		○	○
	移動の介助		○	○
	部屋での食事サービス			○
健康支援サービス	看護師による健康相談サービス	○	○	○
	24 時間の非常時応答サービス	○	○	○
	健康食品サービス	○	○	○
	健康診断	○	○	
	生活習慣病の予防	○	○	
	認知障害の予防	○	○	
医療サービス	診療の予約	○	○	○
	医薬品管理サービス	○	○	○
	外来診療	○	○	○
	入院医療との連携	○	○	○
	救急医療の対応	○	○	○
	救急時の他機関への看護師同行	○	○	○
	他医療機関の定期受診の看護師同行		○	○
	訪問看護		○	○
	在宅医療		○	○
	事前指示書作成の支援		○	○
	24 時間対応の訪問看護・在宅医療			○
介護サービス	ケアプランの支援		○	○
	通所介護		○	○
	訪問介護		○	○
	24 時間対応の訪問介護			○

出所：(10)

の支援、通所介護、訪問介護は「支援型住まい」「介護型住まい」で提供されます。24時間対応の訪問介護は、「介護型住まい」のみで提供されます。

これらのサービスで特に注意したいのは、「権利譲渡の手続きの支援」と「事前指示書作成の支援」です。高齢者になれば、認知症が発症してくることは珍しくありません。そのような事態に備えて、成年後見制度を利用することで「権利譲渡の手続き」ができます。[11] 成年後見制度には、軽度の精神上の障害がある方にも対応した「法定後見制度」と、自己決定と本人の保護を重視した「任意後見制度」があります。

「法定後見制度」は、本人の判断能力に応じて後見・保佐・補助に分けられます。家庭裁判所が事柄に応じて保護者（成年後見人・保佐人・補助人）を選び、本人の権利を保護するものです。複数の保護者を選ぶことや法人を保護者として選ぶこともでき、保護者に関する事務が適正に行われているかの監督を行う成年後見監督人が選ばれることもあります。そして、身寄りのない方の保護を図るために、市町村長に法定後見などの開始の審判の申立権が与えられています。

一方、「任意後見制度」は本人が前もって自分の意思で代理人（任意後見人）となるべき人を選んで、自分の判断能力が不十分になった場合の財産管理や医療・介護の手続きなどについての代理権を与える契約を結んでおくことです。この契約（任意後見契約）は公証人の作成する公正証書にしておく必要があります。任意後見人の事務は、家庭裁判所が選任する任意後見監督人によって監督され、任意後見人の事務の遂行状況は、定期的に任意後見監督人から家庭裁判所に報告されることになります。

「事前指示書」は、本人の精神が健全な状態にある間に、本人の家族、医療関係者に終末期のケアの意思表示をするものです。[12] 本人が延命措置を望んでいない場合に事前指示書が存在すれば、病気が不治であり回復不可能となった場合は、延命処置を中止し、苦痛緩和の医療と介護で自然な看取りをすることが可能となります。「食事や水分を口から十分摂取できなくなった場合は、口から食べることを大切にした自然な経過での看取りをしてください」といった記載があれば、医療機関や施設が経管栄養や中心静脈栄養などの実施を行う必要もなくなります。[12][13] Quality of Life の Life は、「命」、「生活」、「人生」という意味があります。「人生」とは、「誕生」から「死」までの期間です。Quality of Life は、本人が決めるものであって他人が決めるものではありません。だからこそ、「自分の終末期のケアのあり方を自分で決めること」を支援する必要があるのです。

「高齢者健康コミュニティ」を機能させるためには必要不可欠な要件があります。まず、高齢者一人ひとりに責任をとる主介護者の存在です。その主介護者が高齢者の情報を管理し、定期的にコミュニケーションをとっておかなければなりません。次に重要なことは、その情報に「高齢者健康コミュニティ」のスタッフがアクセスできることです。このシステムがあってはじめて、本人の意向にそった継続したケアができます。そして、緊急時に機能するシステムが必要です。発熱・胸痛・意識障害といった症状、脳卒中、心筋梗塞といった疾病に対応するためのマニュアルとそれに対応できる態勢をつくっておく必要があります。最後が「24時間訪問介護・看護システム」です。これがうまく機能するかどうかは、いかに夜間に効率的にサービスを行うかにかかっています。介護であればトイレ介助・おむつ交換、看護であればインスリンなどの注射・緊急対応だけに絞る必要があります。注意深い観察の必要な高齢者や看取りの必要な高齢者は複合施設に併設した「介護型住まい」に住んでもらい、そこに家族が休める部屋を用意しておくと家族が安心できます。

高齢者健康コミュニティ実現に必要な6つの要件

米国のＣＣＲＣ、北欧の高齢者ケアシステムを検証していくなかで、日本の文化、制度に合った新たな地域を支える高齢者ケアシステム「高齢者健康コミュニティ」を実現していくために必要なこととして、理念、ハード、ソフト、経営の視点から次の６つの要件が必要であると考えます。

①継続したケアの提供という理念をもつこと
②3種類のハード（「自立型住まい」「支援型住まい」「介護型住まい」）をもつこと
③4種類のソフト（自立プログラム、支援プログラム、介護プログラム、認知症ケアプログラム）をもつこと
④経営の中立性をもつこと
⑤経営・開発・運営を分離すること
⑥入居者の経済的負担を軽減すること

わが国の代表的な「自立型住まい」である富裕層を対象とした有料老人ホームは、これら6つの要件を満たすものはなく、しかも日本では「自立型住まい」はきわめて少なく、この6つの要件を満たす高齢者健康コミュニティを計画的に全国で整備していく必要があると思います。

この6つの要件の中で、大きな課題は、「高齢者健康コミュニティ」の経営の中立性をもつことと、富裕層だけでなく、多くの中間層の高齢者が入居できるように、経済的負担を軽減することです。経営の中立性の課題については第2章で説明したようなＮＰＯの仕組みが参考になります（第2章図3参照）。

表3　福岡県の「自立型」有料老人ホームの一時金

類型	ホーム	居室数	居室（㎡）			月額料金		一時金（万円）					初期償却率	償却年数（年）
			MIN	MAX	最多	MIN	MAX	MIN	MAX	2人目	生活支援費	介護一時金		
住宅型	A	128	45	70.44	50	100,000	110,000	1,820	2,810	210			15%	15
〃	B	99	21.54	71.14	24.7	228,600	228,600	1,530	6,870				30%	5
〃	C	119	33.03	44.01	36.45	147,000	178,500	1,210	1,920	350			30%	10
〃	D	146	44.55	105.12	50.94	105,000	105,000	2,603	9,378	698	550		15%	12.5
〃	E	302	35.86	79.07	44.02	129,000	129,000	1,400	3,250	300			20%	10
〃	F	260	36.57	98.46	50.11/54.17	129,000	129,000	1,015	4,825	300			20%	10
〃	G	183	24	105	35	105,000	105,000	30	1,500	300			20%	60-80ヶ月
介護付き	H	237	34.19	117.06	34.19	125,460	125,460	1,020	6,001.6			500	20%	12
〃	I	50	13.82	18	18	125,460	125,460	90	1,057.5		500		20%	12
〃	J	70	34.7	50.4	42.6	116,550	116,550	1,180	1,900	400		210	15%	12
〃	K	124	53.27	74.52	57.04	118,550	118,550	1,600	1,940	400	252	168	15-25%	15
〃	L	62	46.48	63.53	46.48	120,000	130,000	1,800	2,930	620		420	14%	15
〃	M	99	46.9	71.2	46.9	130,200	130,200	2,000	3,520	820		451.5	15%	15
〃	N	100	44.64	91.55	56.65	136,500	136,500	1240	5070				15%	10
〃	O	65	59.58	61.37		136,500		1,300	2,300	400		210	15%	8
〃	P	196	18	39.9	18	168,000	168,000	1,500	3,500				—	—
〃	Q	129	40.23	91.94	58.9	16,700	205,800	3,000	6,100	800	550		20%	8
〃	R	105	48.31	80.16		99,750	194,250	2,380	5,280	800			15%	15
〃	S	122	43.51	123.05	55.51	122,750	168,750	2,530	11,380	800-1000		420	15%	15
〃	T	97	19.32	42.05	24.15	160,100	214,700	1,090	2,640				20%	15
〃	U	104	22.05	33.07	22.05	230,855	305,128	1,570	2,570				20%	15
居室数計		2,797												

出所：CCRC研究所の調査より

表3に福岡県の「自立型住まい」をもつ有料老人ホームの居室広さ、利用料金、入居一時金等をまとめてみました。入居するために一時金方式をとっており、その入居一時金が高額であることがうかがえます。さらに問題は入居一時金が8～15年で償却され、ほとんどの入居者が退去するときには、一時金の返還がないことです。また、初期償却という形で、入居一時金の15～30％が入居時になくなること、ご夫婦で入居される場合は、追加一時金が200～1000万円求められることが課題です。

すなわち、「自立型住まい」を中心とした有料老人ホームの開発資金のすべてを最初の入居者から回収することになっていると思われます。この仕組

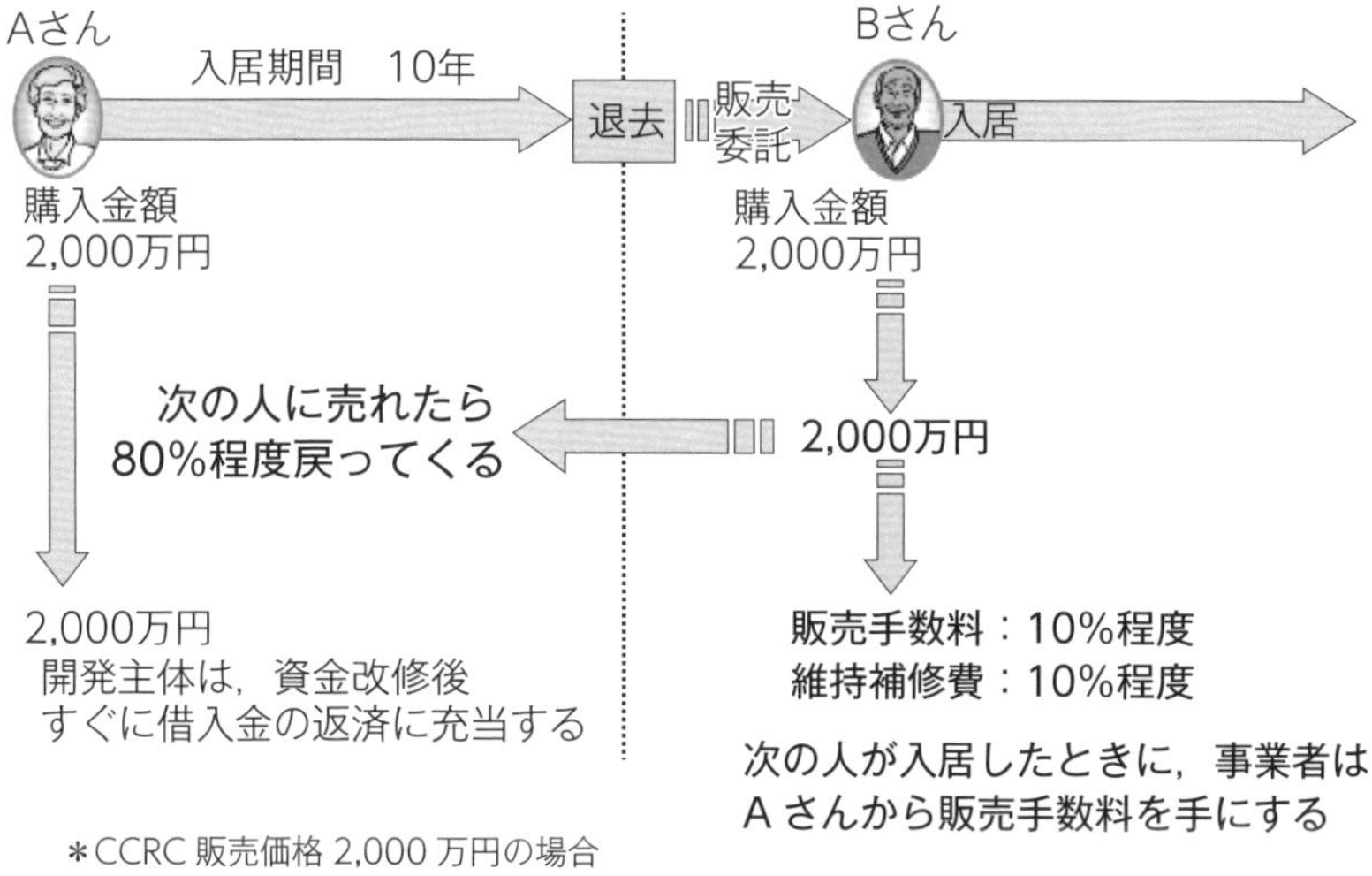

図７　入居一時金の返還までのイメージ

みが入居一時金を高額にしているのではないかと考えます。建物の寿命は50年以上あり、同じ居室を何人かで住み替えていくことを考えれば、開発資金の１００％を最初の入居者からいただくことは適切ではないのではないかと思います。

米国のＣＣＲＣは入居について一時金方式をとっていますが、その返還方法について、１００％返還、80％返還、50％返還、償却型、賃料形式とひとつのＣＣＲＣでも多様な一時金返還の選択肢が用意され、多くの高齢者が入居できる仕組みになっています。なお、ＣＣＲＣには初期償却はありません。また、ご夫婦で入居する場合でも追加一時金はありません。普通の分譲マンションで考えれば、何人で住もうが価格は同じです。このことを考えれば、日本の場合、同じ有料老人ホームに入居する場合、１人入居のときと２人入居のときの価格が異なるのは問題があるのかもしれません。

日本のその流れを変えるためのシナリオの例を示します（図７）。「自立型住まい」の建物は50年以上の耐久性があ

ります が、ＣＣＲＣの「自立型住まい」の入居者の入居年数は平均10年です。このためＣＣＲＣを50年間で5人の方が住み替えて暮らすことになります。とすれば、最初の入居者は5分の1の開発費（土地・建物）の負担でよいはずです。しかし、ＣＣＲＣ開発の資金は最初に必要となり、最初の入居者が２０００万円の「自立型住まい」であれば、5分の1の４００万円となります。そして、10年過ぎた後に、次の方の入居金から１６００万円を最初の入居者に返還することが合理的です。一方、返還されない４００万円は、販売時にはマーケティング費用と「自立型住まい」のメンテナンス費用にあてられることになります。日本にも、米国のＣＣＲＣのような返還システムがあれば、より安い価格で提供することができるのでもっと多くの高齢者が入居できることになると考えます。

わが国では病気や障害をもつ高齢者のケアは主に病院や介護施設で行われてきました。今後ますます高齢者の割合が増加し、医療・介護・年金を中心とした社会保障費が急増していくことは避けられず、今までのように病院や介護施設を中心に高齢者ケアを行うことはできません。「生活支援・健康支援・介護・医療サービスを提供する複合施設と自立型、支援型、介護型高齢者住宅および高齢者の自宅をネットワークで結び、地域包括ケアシステムの機能を満たす高齢者健康コミュニティ」のアイデアは、高齢者ケアのための効果的・効率的なシステムとなる可能性があると思われます。

引用参照文献

（１）奥村芳孝「スウェーデンの高齢者住宅とケア政策」、『海外社会保障研究』１６４号、２００８年、26～38頁
（２）小野寺百合子「スウェーデンの新しい社会サービス法」、『海外社会保障情報』72号、１９８５年、２～11頁
（３）松岡洋子「デンマークの高齢者住宅とケア政策」、『海外社会保障研究』１６４号、２００８年、54～65頁

（4）松岡洋子『「老人ホーム」を超えて――21世紀デンマーク高齢者福祉レポート――』クリエイツかもがわ出版、２００1年
（5）松岡洋子『デンマークの高齢者福祉と地域居住――最期まで住み切る住宅力・ケア力・地域力――』新評論、２００5年
（6）松岡洋子『エイジング・イン・プレイス（地域居住）と高齢者住宅――日本とデンマークの実証的比較研究――』新評論、２０１1年
（7）フランク・コーブル／小口忠彦監訳『マズローの心理学』産業能率大学出版部、１９７2年
（8）馬場園明『介護福祉経営士テキスト　実践編Ⅱ　2　介護福祉マーケティングと経営戦略――エリアとニーズのとらえ方――』日本医療企画、２０１2年
（9）馬場園明・窪田昌行・波多敬子・加野資典・加野豊子「ケーススタディ　地域包括ケアシステムの機能を満たす日本型ＣＣＲＣの概念とモデル」、『医療福祉経営マーケティング研究』7巻1号、２０１2年、25～31頁
（10）馬場園明「高齢社会での医療機関の多角化戦略」、『新医療』34巻5号、２００7年、26～29頁
（11）高田利廣『事例別　医事法Ｑ＆Ａ』日本医事新報社、１９９5年
（12）池上直已「医療経済学からみた終末期医療」、佐藤智編集代表『在宅での看取りと緩和ケア』中央法規出版、２００8年
（13）波多敬子・加野資典・加野豊子・白水松代「豊資会における看取り事例」、『医療福祉マーケティング研究』6巻1号、２０１1年、87頁

第4章 高齢者健康コミュニティのケーススタディ

「高齢者健康コミュニティ」とは、「生活支援・健康支援・介護・医療サービスを提供する複合施設と自立型、支援型、介護型高齢者住宅および高齢者の自宅をネットワークで結び、地域包括ケアシステムの機能を満たすコミュニティ」ですが、わが国でもこの定義をめざすコミュニティがあります。第4章では、そのいくつかのケースを紹介したいと思います。

玉昌会グループの取り組み

沿革と高齢者介護福祉事業への取り組み

医療法人玉昌会は、1957年1月、19床のベッドをもつ内科系の有床診療所「高田内科医院」として鹿児島市で開設され、1962年に医療法人となっています。[1] 現在は回復期リハ病床30床、医療型療養病床149床、合計179床をもつ慢性期医療病院となっています。さらに、鹿児島市のベッドタウンとして発展していた旧始良郡加治木町に、1978年加治木温泉病院を病床数100床で開設しました。その後、1997年に現在の350床に増床し、高齢者医療に特化してきました。現在の病床構成は、一般病床60床（このうち亜急性期病床10床）、回復期リハ病床54床、医療療養病床179床、介護保険型療養病床57床となっています。[2]

2009年から2025年の間に鹿児島県全体の高齢者数は6万6901人増加し、要介護者も1万4007人増加すると推計できます。[3][4][5] 要介護者が増加すれば、施設ケア、在宅ケアのニーズも増大します。県の要介護認定比率をベースに要介護者を推計すると、2009年から2025年までに鹿児島市では要介護者は9

522人増加し、始良市では1112人増加することが推計されます[6]。この結果から、鹿児島市の要介護者の増加数は県全体の68・0％を占めます。始良市の要介護者の増加数は県の増加率の7・9％にあたります。ちなみに鹿児島市と始良市を合わせると、県全体の要介護者数の増加数の75・9％になります[1]。

医療法人玉昌会では2008年6月から、加治木温泉病院と地域コミュニティを結ぶ切れ目のない医療・介護サービスの提供方法の具体的な検討を行いました[2]。そして、高齢者住宅を中心として、通い、泊まり、訪問ができる複合施設を建築し、サービスを提供する新しい高齢者医療・介護モデルを開発することになりました。これを「在宅支援複合施設」というコンセプトとし、在宅支援複合施設と加治木温泉病院および地域コミュニティとの連携によって、切れ目のない医療・介護サービスの提供を実現するシステムを構築しています。これは、2010年に発表された「地域包括ケア研究会報告書」で打ち出されたコンセプトに合致したものとなっていました[7]。

この実用化の形として、旧加治木町から譲渡された土地に、コミュニティガーデン「しあわせの杜」として、住宅型有料老人ホームを中心とする在宅支援複合施設とグループホーム、小規模多機能施設を整備しました。この在宅支援複合拠点によって、高齢者の障害や認知症のレベルに応じて、必要なサービスを選択できるとともに、障害の内容、レベルが変化したときは、住みなれた環境の中で、なじみのスタッフと身近な距離にある別のサービスに移行することが可能となりました。

在宅支援複合施設とは、地域包括ケアシステムを実現するための複合拠点として高齢者の多様なニーズに対応していくために、高齢者住宅を核として通い・泊まり・訪問を総合的に行う施設です。在宅支援複合施設でサービスを効果的・効率的に提供し、高齢者の生活の質・人生の質を向上させていくためには、各部門が協力

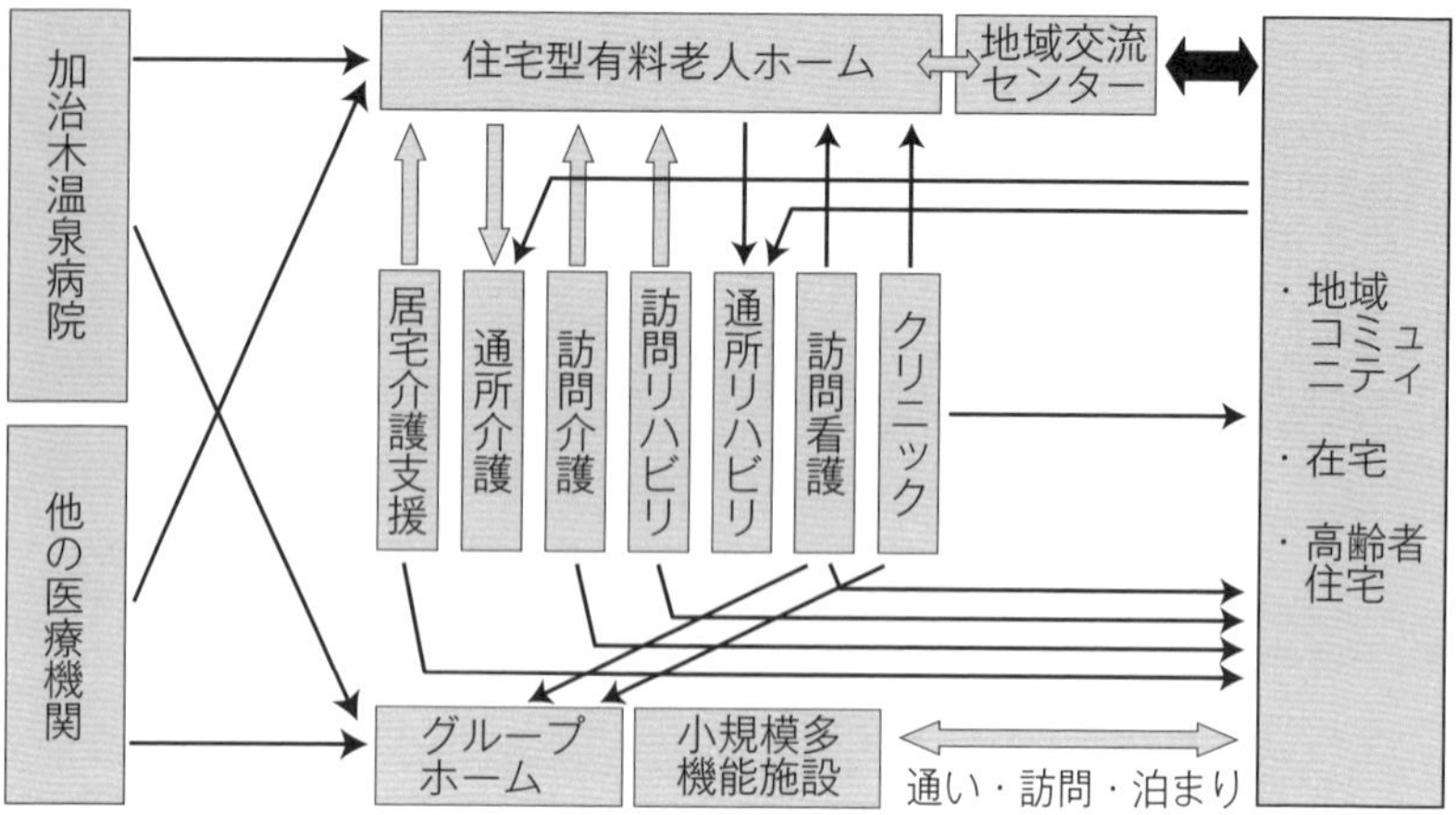

出所：(2)

図１「しあわせの杜」の事業モデル

し、マンパワーを柔軟に共用し、次の3つの方法、①目標管理の徹底、②部署間の綿密なコミュニケーション、③部署間の人材共用による連携強化を実行していく必要があります。

それを具体化した在宅支援複合施設である「しあわせの杜」の事業モデルを図1に示しました。有料老人ホーム「おはな」の居室一つひとつが高齢者の自宅として機能し、そこに、それぞれに適切な生活支援・健康支援・介護・医療サービスが提供されます。在宅ケアセンターが1階にあるので、入居者が必要なときに、適切な支援サービスの提供を受けられるのです。将来、訪問サービス体制が整えば、近場の個人宅への効率的なサービスを提供し、そのサービス範囲を地域（小・中学校校区）に拡大していくことができます。

高齢者健康コミュニティ構築へ向けての取り組み

■ニーズに応じた住まいの提供

米国CCRCでは、自立した段階から、最後の看取りまで、老化のニーズに応じた3種類の住まいが提供されていますが、姶良市加治木町の「しあわせの杜」では、「支援型住まい」と「介護型住まい」が運営されています。

高齢者住宅としての「支援型住まい」「介護型住まい」は、住宅型有料老人ホーム「しあわせの杜・ケアレジデンスおはな」「しあわせの杜・ケアレジデンスおはな別館」の2施設で対応しています。在宅支援複合施設「しあわせの杜」には、住宅型有料老人ホームの他にさまざまな介護保険事業所が併設されています。

図2に在宅支援複合施設「しあわせの杜」の中の住宅型有料老人ホーム「しあわせの杜・ケアレジデンスおはな」のフロアプラン模式図を示しました。ここには、居宅支援事業所、訪問介護ステーション、訪問看護ステーション、デイサービスセンターが併設されています（写真1～5）。

■生活支援サービスによる自立支援

「しあわせの杜」の入居者に対しての自立支援は、加治木温泉病院での定期健康診断、および病院の歯科医の口腔ケア、理学療法士等セラピストの介護予防が定期的に行われています。またここでは、生活支援として、食事サービス、洗濯、入浴支援、外出、買い物、見守り、安否確認、日常的な困りごと支援、社会参加活動、書道・生け花等の活動（写真6）などの多様な生活支援サービスが提供されています。また、「しあわせの杜」

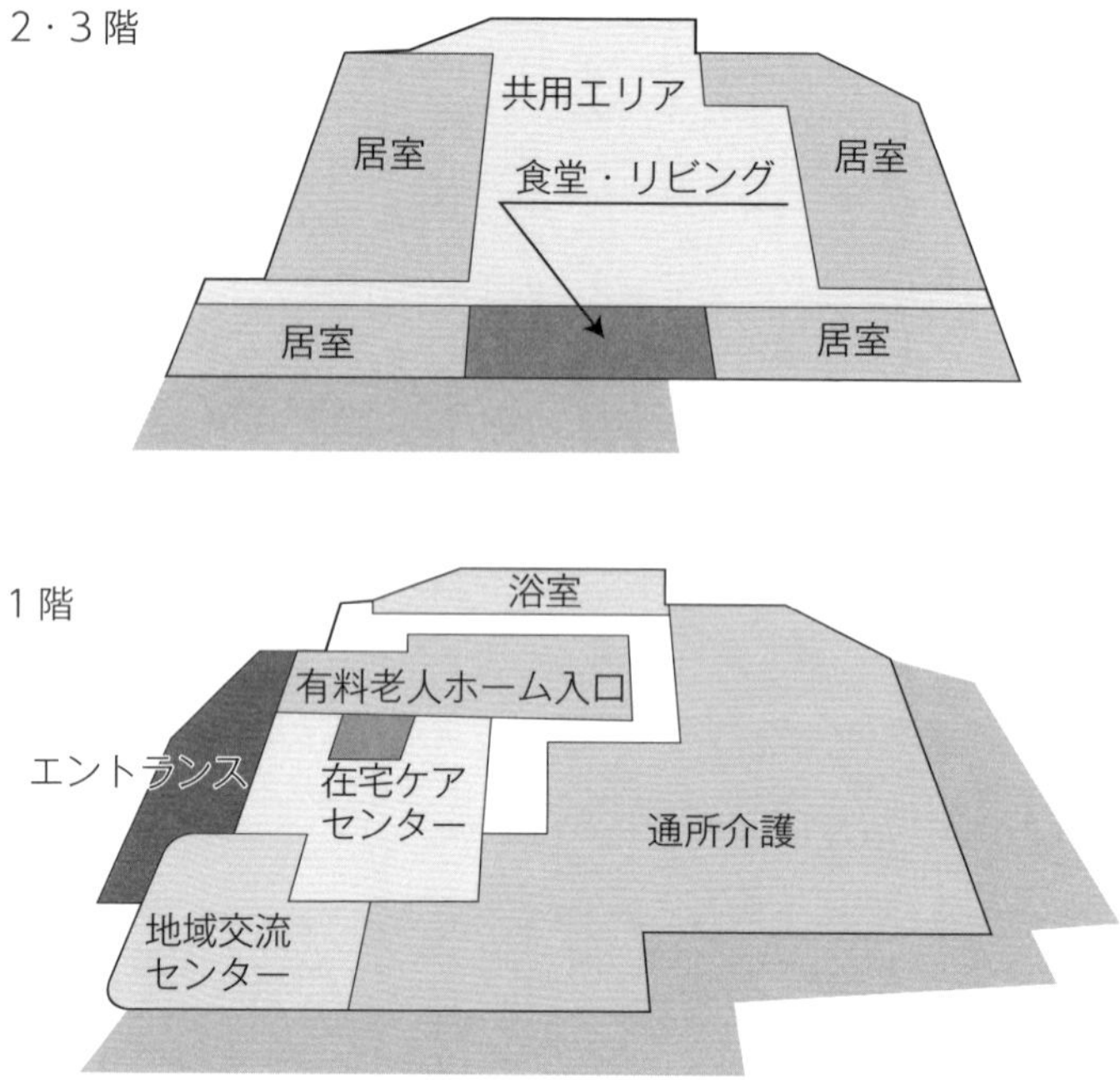

図2　在宅支援複合施設「しあわせの杜」と有料老人ホーム「おはな」のフロアプラン模式図

には、地域交流センター「お散歩ＣｏＣｏ」があり、住宅型有料老人ホームの入居者、コミュニティガーデン内のグループホームの入居者、小規模多機能施設の利用者、その家族、および地域住民の方々にさまざまな支援プログラムが提供されています。

現在は、ヨガ、フラ（ダンス）のカルチャー教室や、地域の勉強会等に活用されています。今後は、地域のニーズに合致したプログラムを検討し、組み入れていく予定であり、これらのミニカルチャー教室の講師は、近隣の高齢者によるボランティアにお願いしていく方針ということです。

要介護認定を受けていない自立した高齢者が、月に1回でも何かを教えるような機会をもつことにより、高齢者の役割を創出する意義は、北欧福祉先進国では重要視されており、日本でもこの仕組みを確立して

写真１　「おはな」３階から見た複合施設の交流スペースとなるウッドデッキエリア

写真２　食堂・居間

写真３　廊下とエレベーター周り

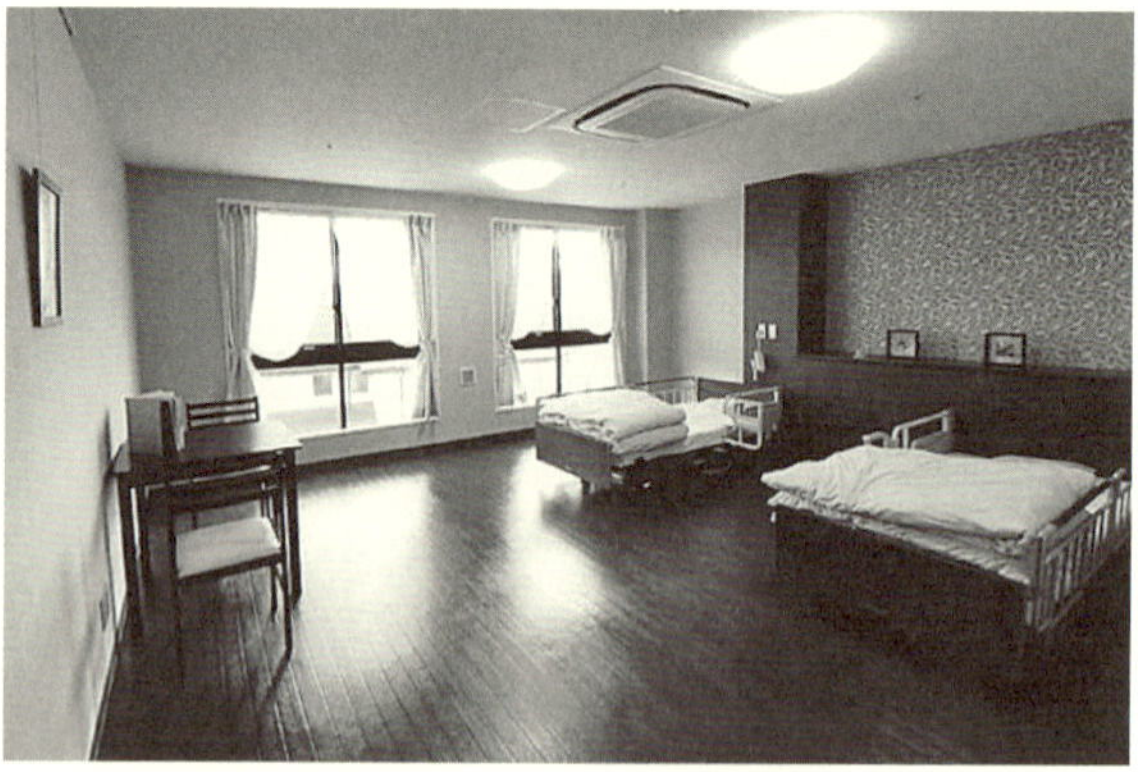

写真４　居室（２人部屋）

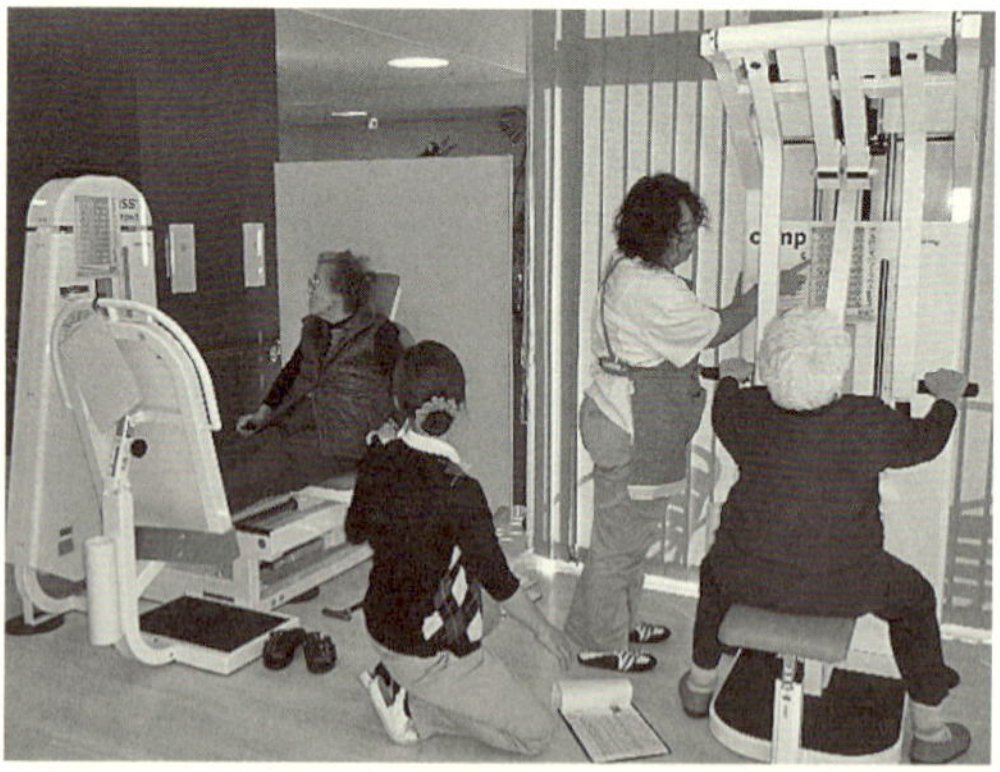

写真５　デイサービスでのリハビリテーション

写真６　アクティビティ（生け花）

写真７　地域交流センターでの結婚披露宴の様子

いく意義は大きいと思います[8]。「地域包括ケア研究会報告書」においても、介護予防について、互助の考えがあり、「高齢者が現役時代のスキルを発揮して、高齢者同士が相互に教えあう対等な関係の構築が進み、高齢者の社会参加が進み、結果的に介護予防に寄与する」ことの重要性が記載されています[7]。また、地域住民の集いの場所としてのカフェ、元気な高齢者や子育て層によるボランティアのステーションとしての複合性も指摘されています[7]。

複合施設全体の行事もこの地域交流センターを中心に行われています。たとえば、地域の子供会、老人会等と交流会やバザー等を共催しています。また、顕著なイベントとしては、「おはな」スタッフの娘さんの結婚披露宴も挙行されました（写真７）。

このような視点からも、介護認定を受けていない自立した高齢者がそれぞれの残された能力、才能を活かし、お互いに助け合って生活していく拠点として、「お散歩ＣｏＣｏ」のような柔軟性の高い、民間の地域交流センターの活動の意義は大きく、今後の活動が期待できると思われます。

■終末までのケアの継続性

「おはな」、「おはな別館」の入居者は、入浴、生活リハビリテーション等のために、「おはな」の1階にあるデイサービスセンターを利用しています。専門的なリハビリが必要な入居者は、加治木温泉病院の通所リハビリテーションと訪問リハビリテーションが利用できます。医療・看護が必要な入居者は、病院からの往診、訪問看護ステーションからの訪問看護が受けられます。

ターミナルケアは、現時点では、加治木温泉病院やその他の急性期病院での対応となっていますが、今後は休診中の在宅支援診療所を再開し、「介護型住まい」での看取りまで対応していく計画ということです。

今後の課題

わが国においてこれから加速する高齢化と逼迫している国の財政の問題を考慮すれば、今までのように、病院や介護施設で高齢者をケアするという方針で対応することは困難になっています。[9][10]姶良市においても、現在から2025年までに、高齢化率は25・8%から30%になり、支援を必要とする要介護者が3637人から4749人へ、1112人増加すると推計されますが[9]、政府は「地域包括ケア研究会報告書」の中で、地域住民が従来の介護施設、高齢者住宅、自宅（持ち家、賃貸）にかかわらず、日常生活圏域において安心・安全で、住みなれた地域で生活ができるような24時間365日体制の多様な在宅支援サービスの確立をめざしています。

このようななか、多様化する高齢者のニーズに柔軟に対応していくための効果的・効率的な新しい高齢者ケアの提供システムが、地域で果たす役割は大きいと思われます。すなわち、この在宅支援複合モデルが、高齢者の生活の質を向上させ、コストも低減していける可能性が高いと思われるからです。「地域包括ケア研究会報告書」では、サービス構成単位・範囲を「日常生活圏域」としており、始良市の人口規模と今までの地域性を考えれば、このような複合拠点が、旧始良町に4ヶ所、旧加治木町に2ヶ所、旧蒲生町に1ヶ所程度必要になっていくと思われます。

さらに、始良市に隣接する鹿児島市では、２０２５年までに新たに９５２２人の要介護者が増えます。現在の要介護者の入所割合で推計すれば、50人規模の介護施設が新たに40施設以上必要になります。これに特別養護老人ホームの待機者、介護療養病床の廃止分を加えれば、この倍以上の施設定員が新たに必要になってくることも想定されます。鹿児島市は、新しい介護施設を建設する土地が限定されていることもあり、地価が高く、介護施設を建設するには経済的な負担が大きいという事情があります。このため鹿児島市内よりは地価が安く、自然環境も豊かな始良市に鹿児島市からの高齢者を受け入れ、在宅支援複合施設を核とした24時間地域包括ケアシステムを構築していくニーズもあると思われます。今後、定期巡回・随時対応型訪問介護看護事業にも取り組むことが、在宅サービスの重点課題となるでしょう。

豊資会グループの取り組み

沿革と高齢者介護福祉事業への取り組み

豊資会は福岡県古賀市で医療と介護福祉事業を手がけるグループであり、医療法人豊資会、社会福祉法人豊

図３「ケアキュアタウン新宮」

資会、有限会社プラス、株式会社プラスネットの4法人で構成されています[11]。理事長が身内の認知症介護に関わったことを発端として、認知症患者に対する家族介護の大変さに気づき、病気を治すだけでなく、高齢患者の退院後の生活に関わることも大事だと考え、介護保険の開始とともに社会福祉法人豊資会を設立し、高齢者介護事業へも参入することになりました。

一方、加野病院は30床の小規模ではありますが、泌尿器科専門病院として地域に認知されています。今後も急性期病院として生き残るためには変化している医療環境に対応していく必要もあり、新宮町のＪＲ新宮中央駅前に２０１３年1月新築移転、開業しました。その際サービス付き高齢者向け住宅「ハイマート橘」（50室）を併設開業し、「ケアキュアタウン新宮」としました（図３）。なお、旧加野病院は、在宅医療中心の加野クリニックとして、運営しています。

豊資会グループの診療圏は、宗像市、福津市、古賀市、新宮町、福岡市東区で93・５％を占め、特に宗像市、福津市、古賀市で72・３％となります。今回の加野病院の新宮移転で、福岡市へ３㎞近くなったことによって、福岡市東区の住民にも医療・介護サービスを提供できることになりました。２０１０年時点で、県（政令市・中核市除く）の高齢化率は22・３％で、古賀市、新宮町、福岡市東区はそれぞれ19・３％、15・５％、17・４％と低いものの[3][4]、都市部の高齢者問題として、今後団塊の世代が高齢者、75歳以上後期高齢者になり、急速に都市部でも高齢化が進んでいきますので、これらへの医療・介護ニーズに対応していくことが課題となってきています。

豊資会グループは、加野病院を中心とした医療サービスの他に、グループホーム、ケアハウスを拠点とした居宅介護支援サービス、訪問介護、通所介護、小規模多機能型居宅介護などを含む介護施設サービス、さらに配食サービスなど生活支援サービスを提供してきました。

２００２年に社会福祉法人豊資会を設立し、２００３年にグループホーム、デイサービス、介護予防センターを中心とする複合施設を開設しました。２００５年には、ケアハウス、グループホーム、生活支援ハウスといった多様な高齢者住宅を中心とする複合施設「ハイマートどんぐりの森」を開設しています。２００８年には、在宅療養支援診療所、訪問看護ステーションを併設した、「自立型」の高齢者住宅である高齢者専用賃貸住宅「ルーエハイム安心」を建設しました。同じ年の12月に古賀市で小規模多機能施設「余香庵」をはじめて単独施設として開業し、２０１０年には福津市ではじめてグループホーム、小規模多機能施設の複合施設「ハイマート杏」を開設しています。２０１２年には重度の要介護者へのリハビリ機能を強化したデイサービス、ヘルパーステーションを併設した「介護型住まい」である有料老人ホームを中心とする複合施設「ハイマート桑の実」を、２０１３年には加野病院と併設したサービス付き高齢者向け住宅を中心とする複合施設「ハイマート橘」を開設しています。

高齢者健康コミュニティ構築へ向けての取り組み

■ニーズに応じた住まいの提供

豊資会グループは、「自立型住まい」、「支援型住まい」、「介護型住まい」を運営していますが、ここでは、古賀市の中心で「高齢者健康コミュニティ」の核となる「支援型住まい」、「介護型住まい」をもつ複合施設「ハイマート桑の実」を紹介します（写真8）。「ハイマート桑の実」に在住する高齢者は介護ニーズで3つのカテゴリーに分類できます。すなわち、①介護ニーズが低く、ほぼ自分で身のまわりのことができる方、②身体的な介護ニーズが高い方、③認知症による介護ニーズの高い方、です。

■生活支援サービスによる自立支援

「ハイマート桑の実」はJR古賀駅から徒歩7分の位置にある都市型の住宅型有料老人ホームであり、1階に通所介護、地域交流センター、2階に21室の居室（1室は夫婦部屋で20室は個室）、3階に22室（全室個室）をもつデイサービス併設高齢者住宅です（写真9）。「ハイマート桑の実」は最後の看取りまでできるような終の棲家として、医療体制のバックアップを医療法人豊資会と密に連携できるようにしています。また、価格をできるかぎり低価格に設定しました。基本料金は10万5000円（内訳：家賃3万5000円、食費4万円、管理費3万円）とし、多くの高齢者が入居しやすいようにしています。居室の広さは13㎡（8畳）です。また、共用部分の利用料金として入居一時金30万円が必要です。入居一時金の初期償却はなく、12ヶ月で償却されます。

写真８ 「ハイマート桑の実」

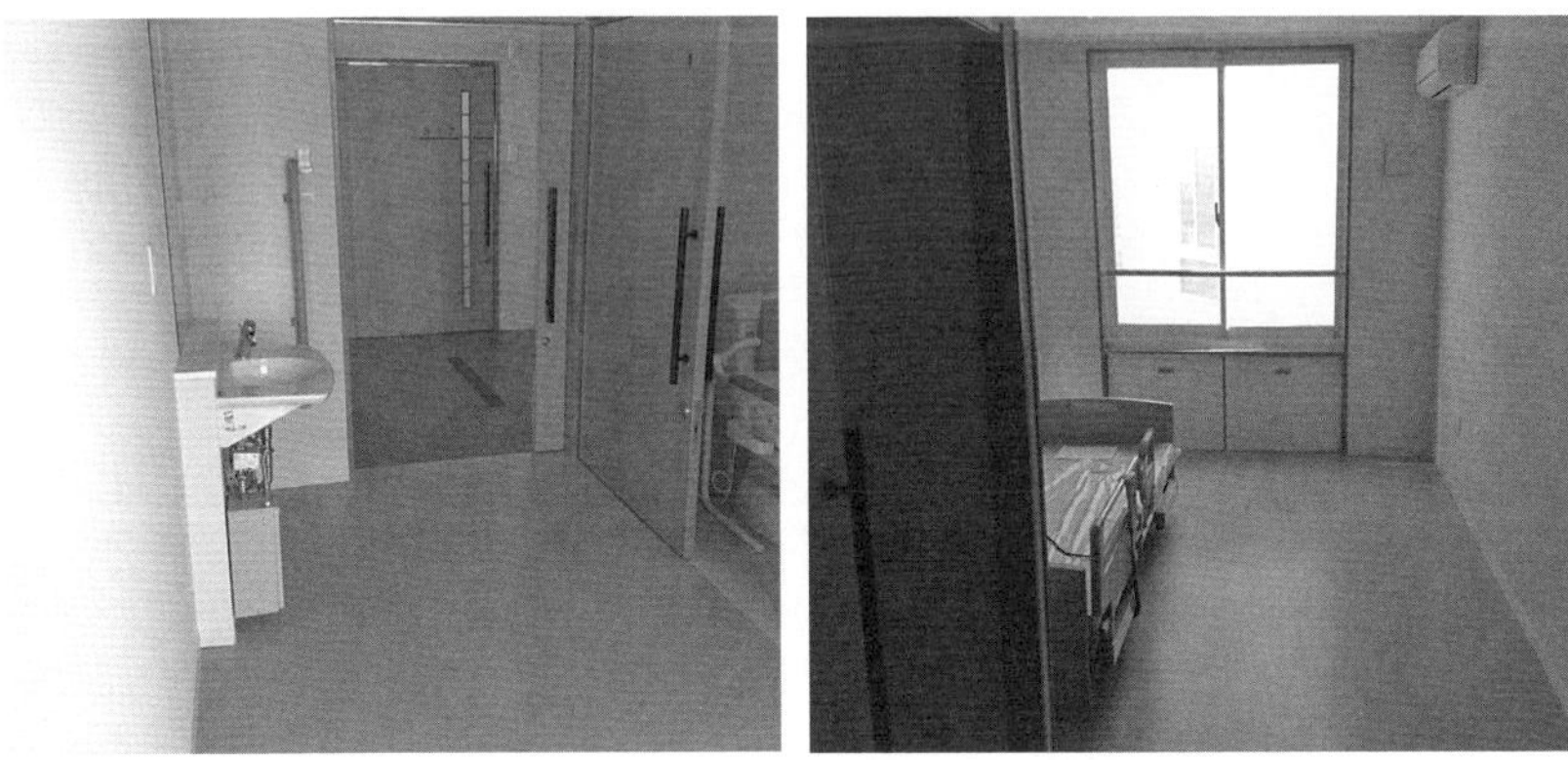

写真９ 「ハイマート桑の実」の居室

写真 10　デイサービスで昼食の準備を利用者に
手伝ってもらっている様子

写真 11　地域との交流も兼ねた定期クラシックコンサート

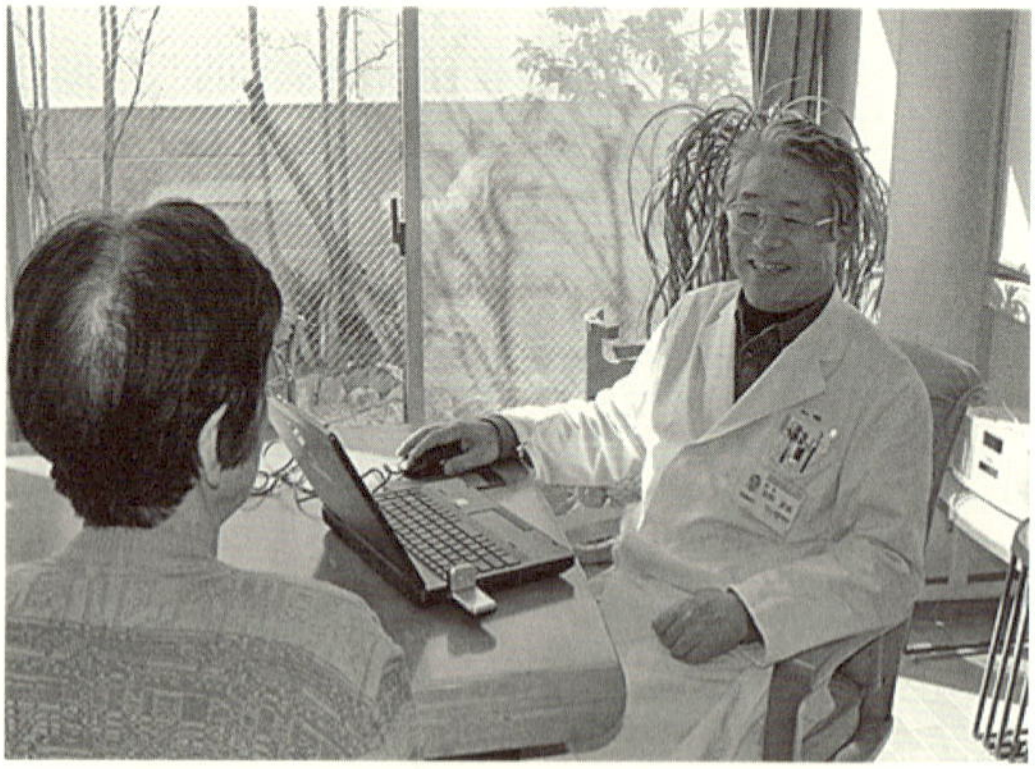

写真 12　在宅医療における訪問診療

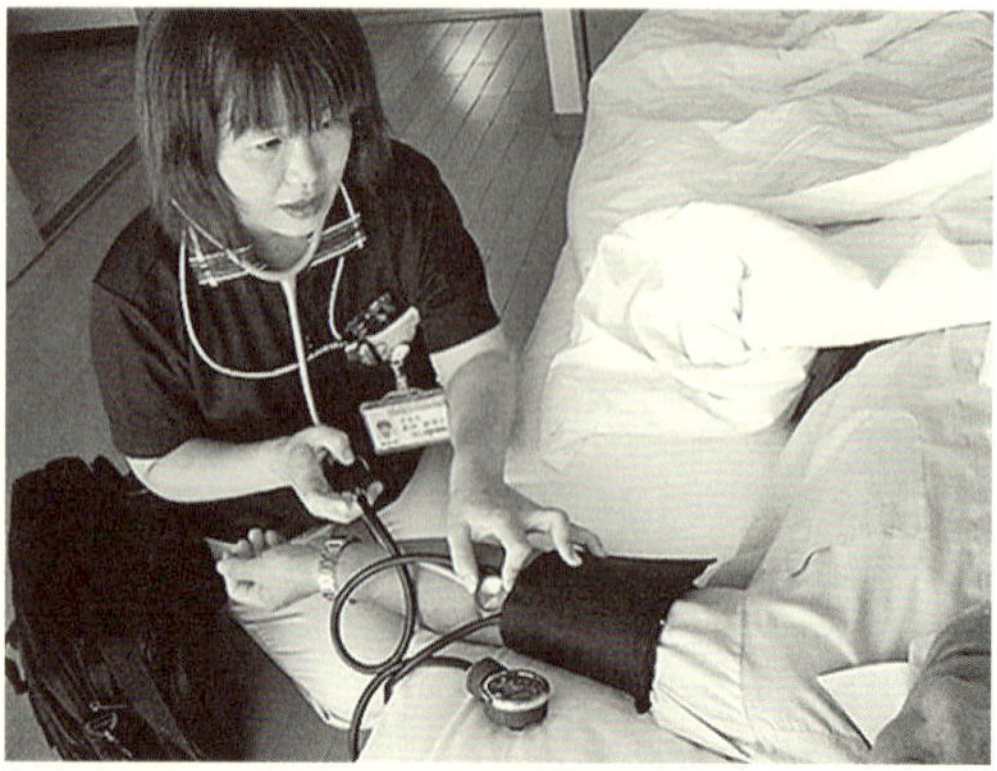

写真 13　訪問看護

ここでは、生活に必要な生活支援として、食事サービス、洗濯、入浴支援、外出、買い物、見守り、安否確認、日常的な困りごと支援、社会参加活動などの多様な生活支援サービスが提供されますが、寄り添い、見守りを重視することにより、できるだけ自立した生活ができるように支援しています。多くの入居者がデイサービスを中心としたホーム内でのさまざまなアクティビティ、生活リハビリを行っています。介護ニーズの低い高齢者には、料理、掃除等を手伝ってもらうことにより、役割をもってもらうようサービスの組み立てを工夫しています（写真10）。また近隣地域との交流も目的として、音楽家によるコンサートも定期的に開催しています（写真11）。

一方、下肢の弱体化により、歩行が懸念される入居者には、ホーム内のケースカンファレンスで早期に発見・検討し、担当ケアマネージャーと相談し、訪問リハビリテーションおよび通所リハビリテーションの利用等の予防対策をとっています。医療的な予防対策としては、在宅療養支援診療所の加野クリニックの医師が定期的に月に2回ホームを訪問し、医療的なアドバイスを行っています（写真12）。また、特に認知症の進行予防については、月に1回認知症専門医が訪問し、現状の把握、服薬の改善等の対策を行っています（写真13）。

■終末までのケアの継続性

入居者は一人ひとりの医療・介護ニーズが異なるため「その人らしい生活」のケアが継続できるように、ケアプランを作成しています。入居者の必要に応じて、図4に示すように訪問診療、訪問介護、訪問看護、訪問リハビリ等の外部サービスを組み合わせています。

「ハイマート桑の実」の入居者は、平均年齢は85歳であり、ほとんどの方が複数の疾病に罹患しており、そ

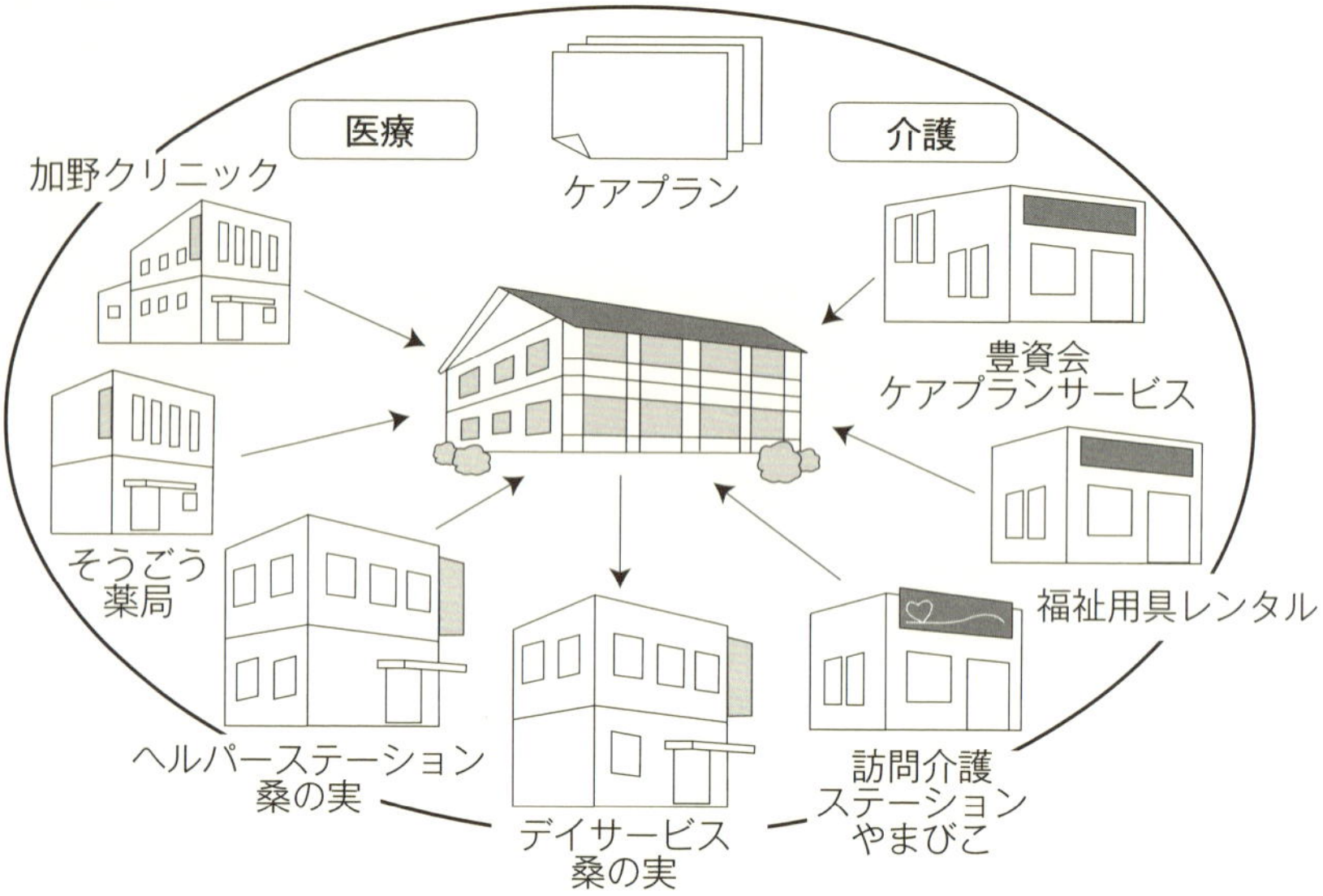

図４　高齢者住宅外部サービスで継続したケアを提供するイメージ図

のために多種・多剤の服薬の必要があります。また、２０１２年６月にオープンしてから、施設内で入居者の看取りを行ってきました。医療スタッフや介護スタッフも付き添いながら、家族は入居者と最後の会話をすることができています。このように高齢者住宅におけるターミナルケアでは医療・看護のバックアップは不可欠なものです。これからも「ハイマート桑の実」では在宅医療を担う加野クリニックと入院機能をもつ加野病院との連携を強化することにより、在宅における看取りのニーズに対応していく方針であるということです[11][12]。

今後の課題

豊資会グループは、診療圏とする古賀市、宗像市、新宮町にそれぞれ複合施設の拠点をつくるとともに、それらを在宅診療・訪問看護でネットワーク化しているのが特徴です[11]。また、早くから「自立型住まい」も構築しているのも「高齢者健康コミュニティ」の機能を取り込んでいるといえます。今後はこれらの複合施設と高齢者の自宅を在宅医療に加え、定期巡回・随時対応型訪問介護看護にも取り組むとともに、「支援型住まい」「自立型住まい」を構築し、地域包括ケアシステムの機能を併せもつ「高齢者健康コミュニティ」の構築に向けて創意工夫していく計画ということです。

今後の課題としては、医療と介護がシームレスな連携の体制をつくることです。その際、在宅での看取りのための体制づくりが不可欠で、このためには、在宅を支える医師の確保、訪問看護師の充実を行い、夜間で看取りのできる体制を強化していく必要があると思われます(11)(13)。さらに、豊資会グループでつくってきた高齢者住宅・複合施設を核とした地域包括ケアシステムがめざす、定期巡回・随時対応型訪問介護看護事業の提供による24時間の切れ目のないサービスのシステム整備が大きな課題となっています(7)。そして、自立している高齢者の認知症予防、転倒予防等による寝たきり予防を目的とした「自立型住まい」の整備も課題です。「自立型住まい」については豊資会グループとしては、２００８年に高齢者専用賃貸住宅「ルーエハイム安心」をオープンし運営してきており、これらの実績と経験を踏まえ、自立した高齢者のニーズに合った「自立型住まい」の整備も検討していく予定ということです。

さらに、情報共有のためのネットワークの整備、スタッフなどの人材教育、ボランティア団体の育成なども求められています。今後は、高齢者の経済力やＡＤＬに応じたニーズに合わせたさまざまな種類の住宅をつくり、それらを軸に24時間巡回型訪問サービスを機能させていくことができれば、「高齢者健康コミュニティ」の都市型モデルとなりえると考えられます。

竜門堂グループの取り組み

沿革と高齢者介護福祉事業への取り組み

医療法人竜門堂大野病院のある山内町は佐賀県の西部に位置する人口約1万人の小さな町でした。2006年に武雄市と合併し、武雄市の一部となりました。北部は伊万里市、西部は有田町と隣接しています。周囲を標高200~600mの山々に囲まれ、これらの山々から流れる小川はこの地域の豊かな緑を育む源となり、のどかな田園風景の広がる恵まれた自然環境の中に各施設はあります。在宅ケアの拠点となるのは在宅療養支援診療所、竜門堂医院（整形外科、内科）です（写真14）。

大野病院がある武雄市大野は、佐賀県武雄市と長崎県有田町の中間にあたり、病院、介護サービスを利用する患者・利用者は、武雄市・有田町からおおむね同数です。武雄市は、2010年から地域包括ケアシステムの整備目標とされる2025年の間に、[7] 人口は6937人減少すると推定されていますが、高齢者は2047人増加し、このうち前期高齢者が917人、後期高齢者が1130人増加すると推定されています。一方、要介護者は2010年の2401人から2025年の3012人へ611人の増加となると推定されています[14]。

2000年に介護保険制度がスタートし、医療法人竜門堂が最初に取り組んだものが大野病院に併設した通所リハビリテーション（デイケアセンター「げんき」）でした。しかし、地域のニーズがリハビリ機能だけでなく、家族の休養、レスパイト機能の充実でもあることから、通所介護（デイサービス）へと転換することにな

写真 14　在宅療養支援診療所，竜門堂医院の外観

写真 15　中核デイサービスセンター「げんき」の外観

りました[15]。2002年、2003年には、認知症への対応が必要となり、医療法人竜門堂でも、2ユニット18名のグループホーム「あったか荘」、1ユニット9名のグループホーム「ことぶき」を開設しています。また、デイサービスの要望、ニーズが高くなり、大野病院内の施設では対応できなくなり、2003年デイサービスセンター「げんき」を単独施設として運営を開始することになりました（写真15）。

　2006年頃から、高齢者の住まい、および高齢者住宅のニーズが高くなり、2006年に宅老所「はるかぜ」、2007年に住宅型有料老人ホーム「すずかぜ」（定員26名）、2009年に認知症デイサービス併設の住宅型有料老人ホーム「爽風館」（定員53名）を開業しています。

高齢者健康コミュニティ構築へ向けての取り組み

■ニーズに応じた住まいの提供

医療法人竜門堂は、山内町、有田町において在宅で暮らすことが困難な高齢者を支援していくために、「自立型」「支援型」「介護型」3種類の住まいを整備して、その入居者を支える介護サービス、在宅医療サービスの連携システムを構築してきています。

「支援型住まい」「介護型住まい」としては、前述の「すずかぜ」「爽風館」を2007年、2009年に開業しています。また有田町に、「支援型住まい」「介護型住まい」を併設した住宅型有料老人ホーム「ありた」を2005年3月に開業しています。一方、「自立型住まい」としては、「宅老所」を3ヶ所で設置運営しています。「宅老所」とは、「共同生活住居において家庭的な雰囲気の中で少人数の個別ケアを行い、住みなれた地域で自立して暮らせるようなサービスを提供する」ものです。これらに併設、近接した通所介護、訪問介護事業所と、在宅支援診療所、病院を図5のように連携させ、運営されています。

■生活支援サービスによる自立支援

「爽風館」は平屋で建設されており、小規模デイサービス、認知症対応のデイサービス、訪問介護ステーションを併設しています。居室数は53室で、生活に必要な生活支援として、食事サービス、洗濯、入浴支援、外出、買い物、見守り、安否確認、日常的な困りごと支援、社会参加活動などの多様な生活支援サービスが提供されています。利用料金は、全体で8万3000円と低価格に設定し、地域の高齢者が利用しやすいような

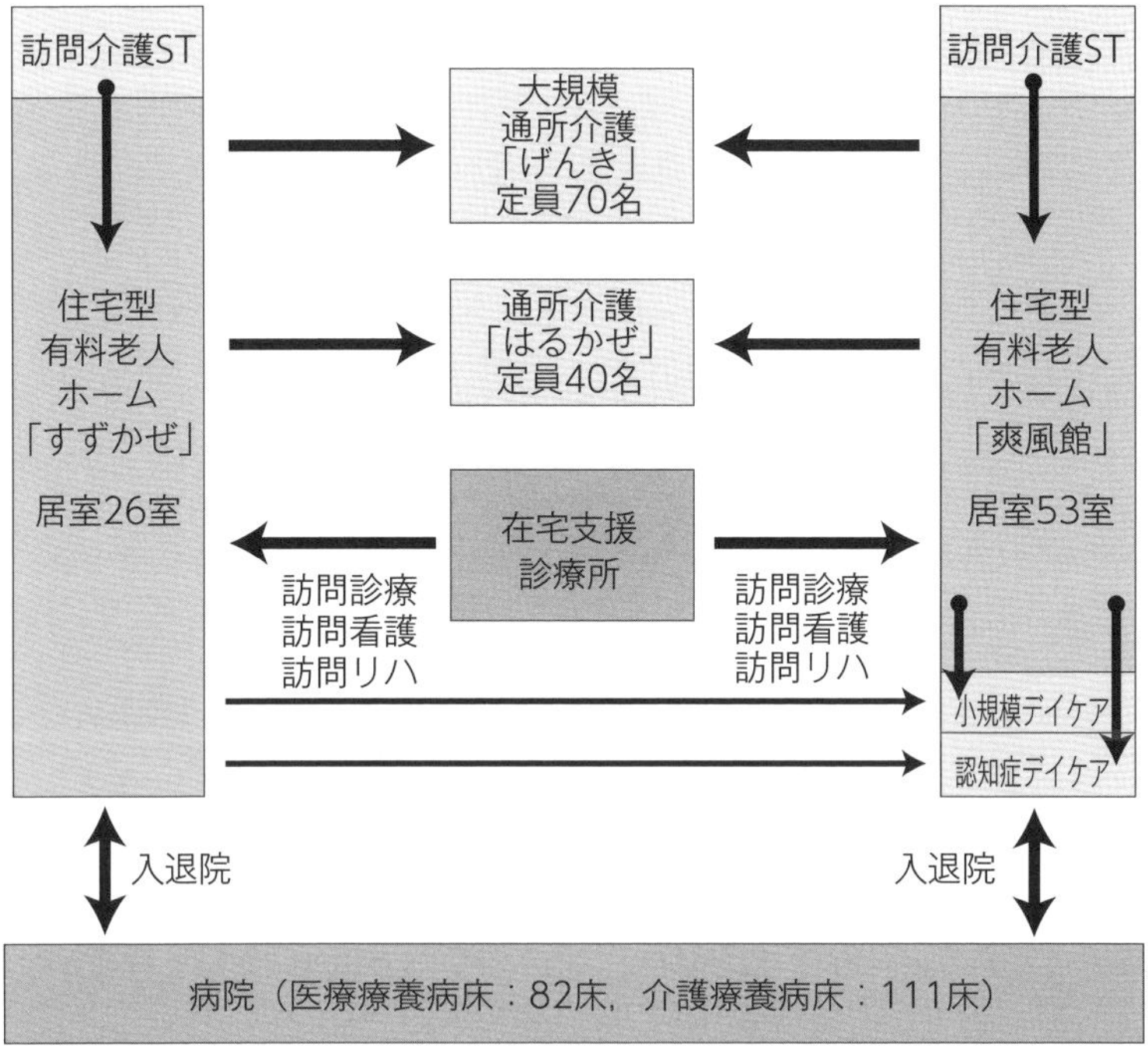

出所：(15)

図５　医療・介護サービスの提供の仕組み

価格帯としています。

「すずかぜ」も平屋ですが、ここは訪問介護ステーションのみが併設されています。居室数は26室で、生活に必要な生活支援として、食事サービス、洗濯、入浴支援、外出、買い物、見守り、安否確認、日常的な困りごと支援、社会参加活動などの多様な生活支援サービスが提供されています。利用料金は、「爽風館」と同じで、全体で８万３０００円です。

また、「自立型住まい」である宅老所では、スタッフは何でもお世話するのではなく、高齢者がご自分で日常のことができるように支援し、日々の生活の中でゆっくりであってもご本人のペースでお過ごしできるように支援し、可能なかぎり自立した生活ができるように運営するという方針となっています。

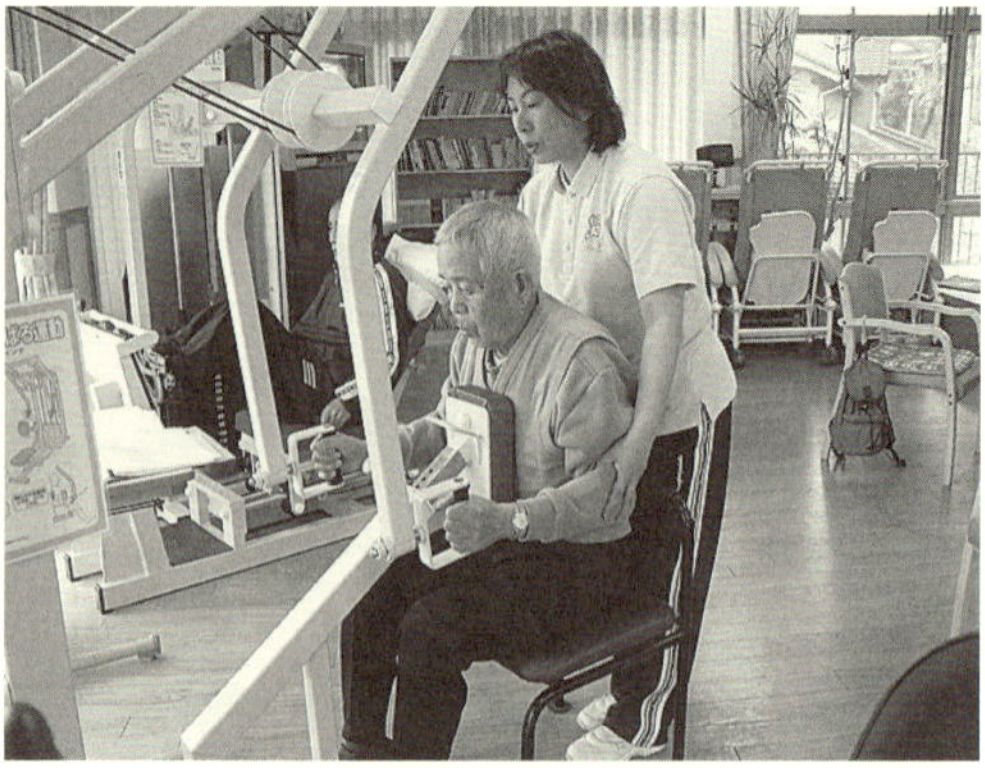

写真16　大型デイサービスセンター「げんき」
での マシーンを使ったリハビリの様子

■終末までのケアの継続性

「すずかぜ」、「爽風館」は住宅型有料老人ホームであり、医療・介護サービスは外部から提供されています。そしてまず入居者一人ひとりのニーズに合わせ、ケアプランが作成され、入居後、必要な医療・介護サービスの変化により、ケアプランは修正します。図5に「すずかぜ」、「爽風館」の入居者が主に利用しているサービス提供の仕組みを示しました。この中の機能で、特に大きな機能を果たすのが大型デイサービスセンター「げんき」（定員70名）で、高齢者住宅（有料老人ホーム、宅老所）では十分なサービスが提供できないリハビリテーションや入浴サービス等については、デイサービスセンターでそれらの機能を補完する構造になっています（写真16、17）。ターミナルケアについては、大野病院、在宅支援診療所、訪問看護ステーションが連携して対応されています。

今後の課題

医療法人竜門堂にとっては、いずれ介護療養病床は他の施設に転換していかなければならないことになります。現在111床の

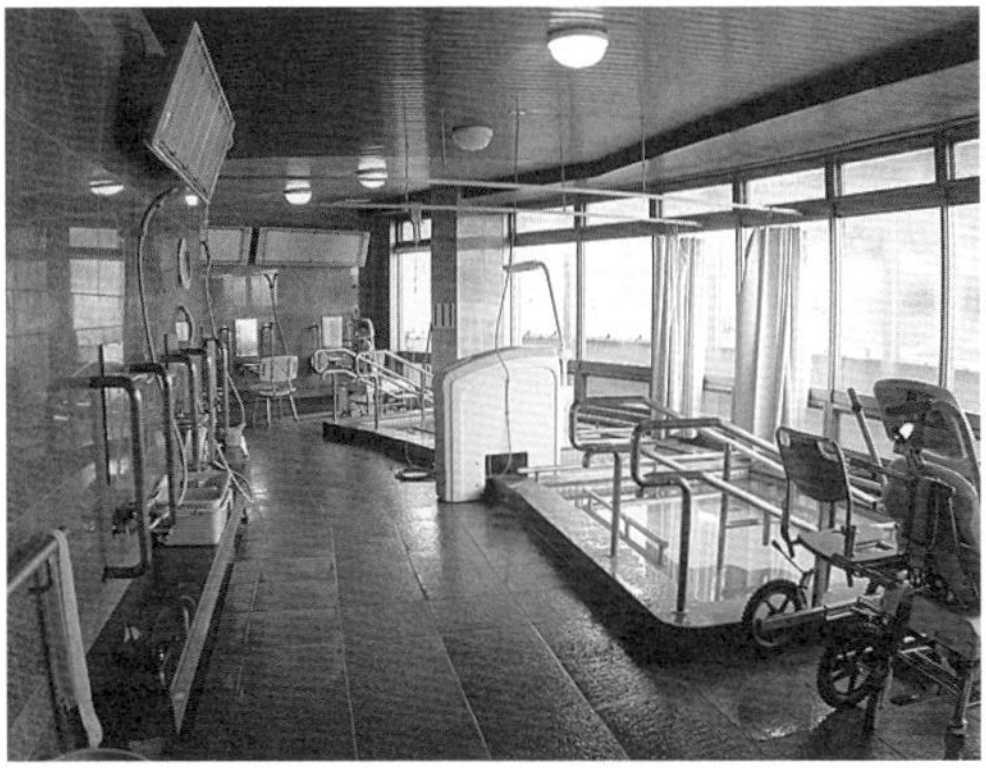

写真 17　入浴設備の状況

介護型療養病床をもつ大野病院にとって、転換の期限は延長されたとはいえ廃止の方向は変わらず、２０２０年までにいかに転換していくかが、大きな課題となっています[16][17]。大野病院は介護療養病床の転換を図りつつ、高齢者のシームレスなケアを提供することをめざしています。それには、医療療養病床への転換、老人保健施設への転換、居住系サービスへの転換の３つの方法があると思われます。その判断の根拠として、病院としての適切な病床数も考慮しなければなりません[9][18]。

医療法人竜門堂は、介護療養病床の転換を契機に、高齢者住宅をつくり、大規模デイサービスと連携するとともに、在宅療養支援診療所と訪問看護を核として、グループ内の高齢者住宅をネットワーク化してきたのが特徴であり、「高齢者健康コミュニティ」の機能を構築してきているといえます。これからは、これらのネットワークをグループ内だけでなく、地域の高齢者住宅にサービスを提供できる定期巡回・随時対応型訪問介護看護にも取り組むことにより、地域包括ケアシステムの機能を充実していくことになります。

現段階では、病床における医療ニーズを考慮し、医療型療養病床を１００床に縮小し、残りの93床は有料老人ホームへ転換していく方向を検討しているそうですが、さまざまな介護・生活支援ニーズに対応する、さらに複数の有料老人ホームを建設し、在宅支援診療所と大野病院でバックアップしてゆくビジョンもあるようです。すなわち、地域包括ケアシステムの実現のためには、居住系住まいである有料老人ホームを増やし、定期巡回・随時対応型訪問介護看護サービスも検討し、効率のよい巡回サービスをしていくことが求められています。[7] 医療法人竜門堂が位置する、武雄市山内町、有田町のような過疎地方都市でも、自立してはいるが生活に不安をもつ後期高齢者に対して、「高齢者健康コミュニティ」で位置づけられている「自立型住まい」をいかに構築していくかも大きな課題ですが、全国では佐賀県で唯一認可されている宅老所のシステムを活用していくことも選択肢となります。これらの資源を統合することによって、「高齢者健康コミュニティ」の地方型モデルを構築することが可能になると思われます。

梶原内科医院の取り組み

沿革と高齢者介護福祉事業への取り組み

梶原内科医院は1979年12月に福岡県飯塚市下三緒の住宅街に開業し、地域のホームドクターとして内科医療、消化器科を中心に小児科医療等、地域住民のさまざまな医療ニーズに対応していくために、ベッド19床をもつ有床診療所として医療を提供してきました。[19]

飯塚市は炭鉱町として栄えた都市ですが、その後、産業が発展する機会には恵まれず、少子高齢化が進行してきています。２００６年３月26日に穂波町、筑穂町、庄内町、頴田町と合併し、面積２１１３㎢、人口13万２２０４人（高齢化率23・７％）の福岡県で４番目の都市となりました。しかしながら、合併後の人口は減少し、団塊の世代が75歳以上後期高齢者となる２０２５年には人口が２０１０年の13万１４９２人から12万４８７人へと減少していくことが予測されます。[3] 一方、２０１０年から２０２５年で、高齢者７１０８人、後期高齢者は５８１４人増加していきます。[9] 要介護者も２０１０年の４５１６人から、２０２５年には６５１９人に２００３人増加していくことが推測されており、この問題への対応が課題となっています。

梶原内科医院にも開設当初は、いわゆる社会的入院患者も存在していました。往診等の在宅医療が重視され、高齢化が国の問題としてクローズアップされていくなかで、１９９８年にはじめてデイケア事業に参入しています。しかし、デイケアの施設条件として必要である理学療法士等の確保が困難になり、要介護者の家族へのレスパイトケアの重要性が提唱されてきたこともあり、デイサービス事業へ転換し、地域の高齢者支援を行ってきています。

また、梶原内科医院は、ゴールドプランが開始された２０００年当時、特別養護老人ホームやグループホームの緊急時の医療に関わり、介護施設における医療サービスのニーズがあることを経験しました。たとえば、胃ろう、鼻腔、中心静脈のルートから栄養を供給されている高齢者や末期がん患者は医療サービスが必要でした。このような事例が増え、介護施設と医療機関とは綿密な連携が重要であるという認識が深まることになります。さらに、２０１２年には、介護療養型病床を廃止するという国の方針が出され、地域の虚弱高齢者のニーズにマッチした医療提供を行う必要性に迫られることになります。[13][20][21]

そこで、梶原内科医院は、地域の高齢者の医療を見ていくなかで、予防、介護も含め、高齢者一人ひとりの

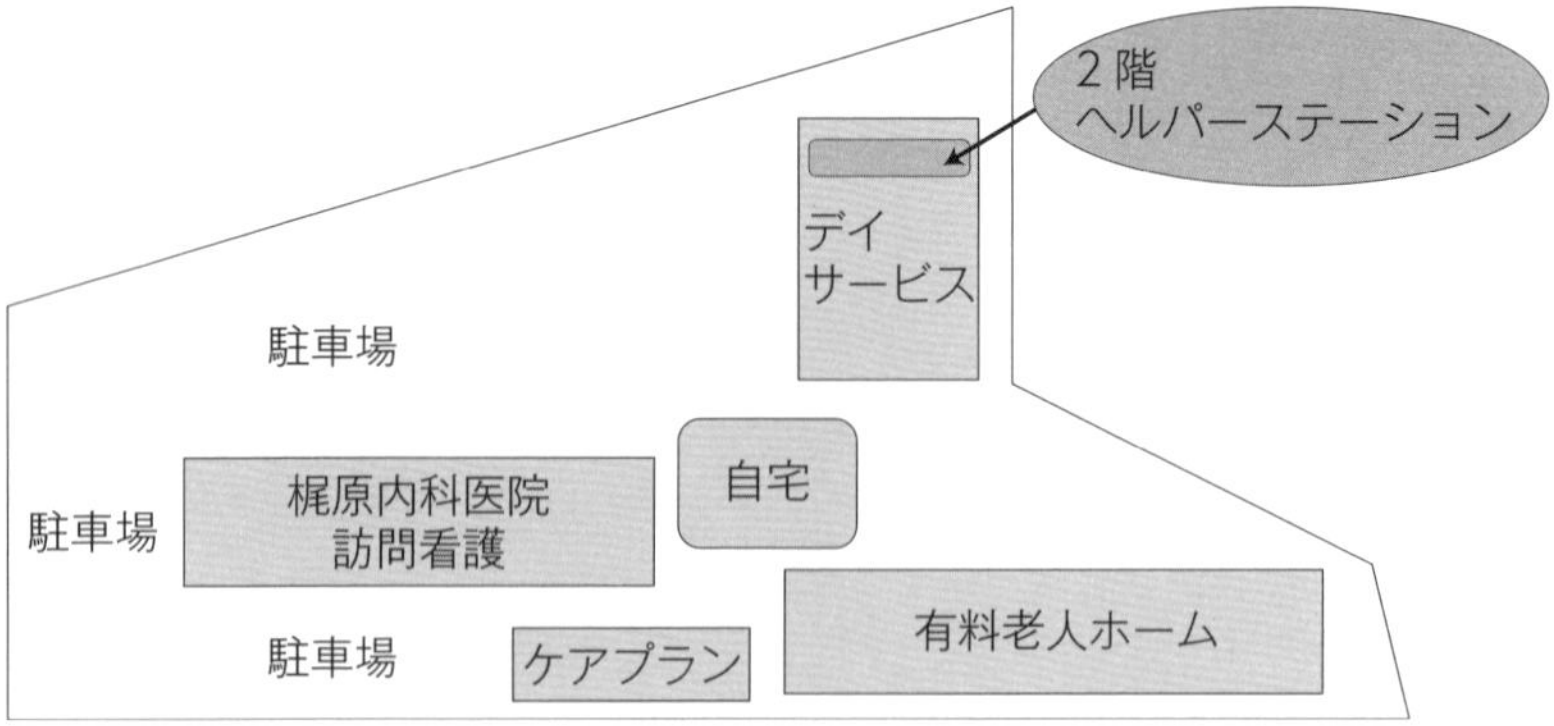

出所：(19)

図6　有床診療所，デイサービス，訪問介護部と老人ホーム等の位置関係の略図

多様なニーズに対応していくために、自宅、医院の敷地内で居宅介護支援、通所介護、訪問看護、訪問介護を総合的に提供できる仕組みをつくりあげました（図6）。２００８年の介護保険事業の利用対象者は、居宅介護支援事業が71人、デイサービス（通所介護）事業が73人、訪問看護事業が６人、訪問介護事業が74人でした。そして、医療と介護を統合して提供できる施設・住宅サービスを検討しているなかで当時、制度上、医療機関が外部から自由に往診等の医療サービスを提供できる「住宅型有料老人ホーム」事業を２００５年に開始しました。

高齢者健康コミュニティ構築へ向けての取り組み

■ニーズに応じた住まいの提供

その「住宅型有料老人ホーム」は、「すこやかの里ビラ山内」です（写真18）。定員は29名ですが、２人部屋が2室あるために居室は27室です。居室内の設備は、冷暖房エアコン、洗面所、収納、ナースコール、共用設備は、食堂、キッチン、浴室、居間、洗濯家事室、職員室となっています。利用料金は、家賃、食費、管理費、光熱費の合計が８万５０００～９万円であり、利用者の負担額は少

写真18　「すこやかの里ビラ山内」

なく、利用しやくなっています。２人用としては27・94㎡の部屋を２室もち、２人部屋の家賃は７万円で、入居一時金は必要とされていません。

■生活支援サービスによる自立支援

「すこやかの里ビラ山内」は２階建てで、それぞれの階に浴槽があり入浴支援サービスが提供されますが、１階には特殊浴槽があり、そこでの入浴サービスは主に介護保険適用となっています。また食堂、居間がそれぞれの階にあり、食事サービスが提供されています。その他、生活に必要な洗濯、見守り、安否確認、買い物、日常的な困りごと支援などの多様な生活支援サービスが提供され、できるだけ自立した生活ができるようにしています。

予防対策については、梶原内科医院と在宅療養管理、訪問診療の契約を行い、医師が月に２回、ホームを訪問し、重度化しないように予防に力を注いでいます。

■終末までのケアの継続性

入居者はそれぞれの要介護度に応じて、外部の訪問介護、訪問看護、居宅介護支援、通所介護等を利用しています。利用の際には、入居者は利用したい介護サービスをケアマネージャーと相談し、主に訪問介護、デイサービス、訪問看護の中から選択し利用します。なお、利用できる介護サービスは同じ敷地内にあり、密に連携しサービスが提供されます。

一方医療サービスについては、入居者は内科的、整形外科的な疾病を複数もつ人が多く、さらに特別な医療療養指導が必要な入居者もいます。ちなみに調査時は、胃ろう・腸ろうが2名、中心静脈栄養が2名、在宅酸素療法が4名、インスリン治療の方が1名となっていました（2008年2月）。また、認知症の入所者も多い現状もあります。これらの利用者に対して、訪問診療、訪問看護、療養指導を中心とした在宅医療が、隣接した梶原内科医院から提供されています。

このように、梶原内科医院では、生活支援サービス、介護サービス、医療・看護サービスを同じ敷地内にある住まい、事業所が連携して行い、入居からターミナルの看取りまでを一貫して対応しています。

今後の課題

日本の高齢化は、今後も急速な勢いで加速し、2050年には高齢化率が40%を超えると予測されています[9]。飯塚市においても、2025年には高齢化率は33%となり、特に病気、寝たきりになりやすい後期高齢者が現在の1・5倍に増加します[10]。このように急激な高齢化を主因として、医療環境を取り巻く環境、および有床診療所へ求められる機能、役割も大きく変化しています。また、地域医療・ケアに対応し、特に地域高齢者のニーズに応えていくとともに、安定した経営を継続することが地域医療を担う有床診療所の重要な課題となってきました。また、財政の面からは、限られた社会保障財源と現存する医療・介護資源を有効に活用し、

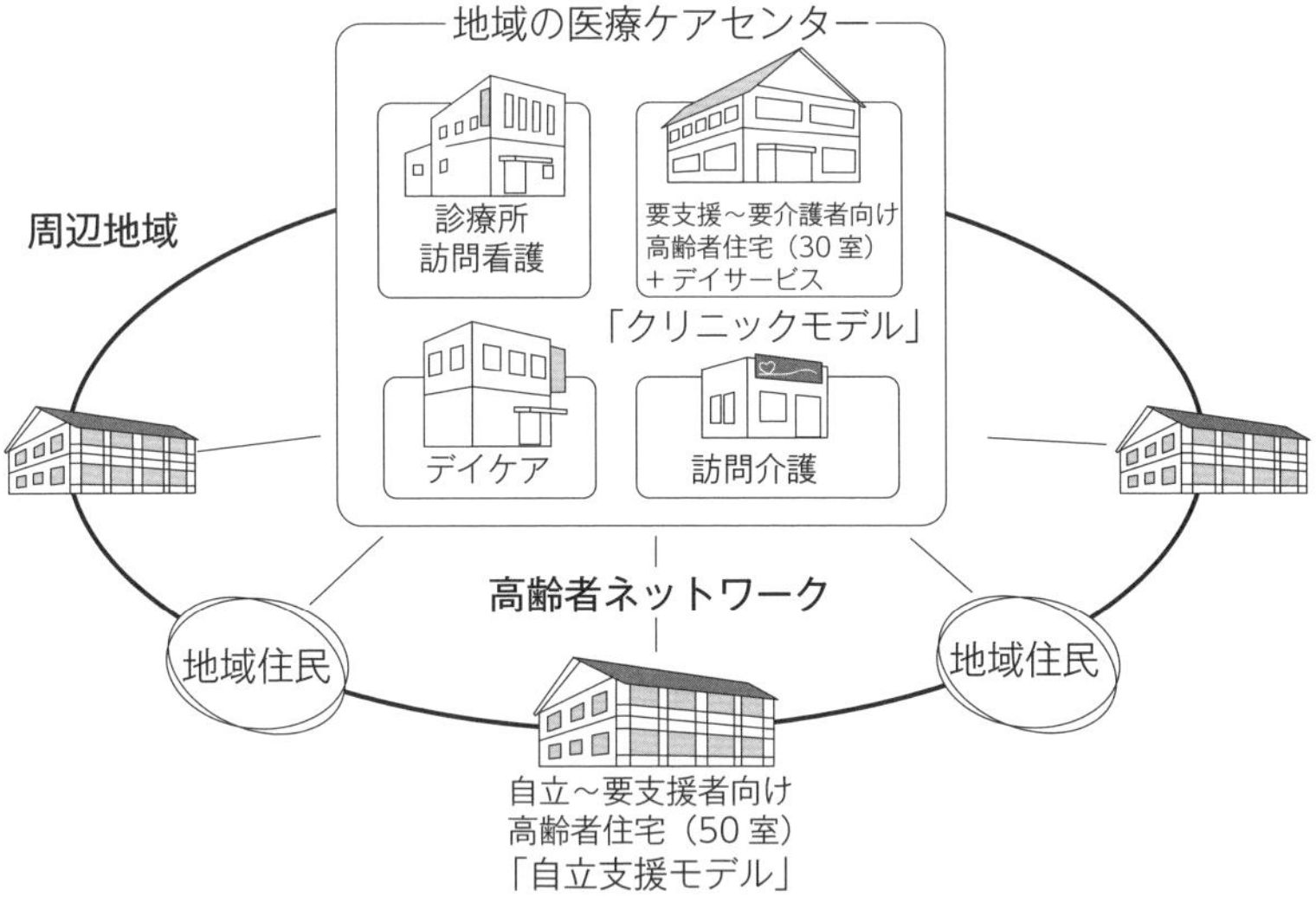

図７　診療所を中心とした「高齢者健康コミュニティ」モデル

これから迎える超高齢社会に対応していかなければなりません。

医療法人梶原内科医院は、地域に根ざして高齢者の医療・介護ニーズに応えていくなかで、デイサービスセンター、居宅支援事業所、住宅型有料老人ホームを医院の敷地内につくりあげていったのが特徴であり、梶原内科医院を核とした「高齢者健康コミュニティ」の複合施設を構築してきたといえます。これからは地域の高齢者の自宅とネットワークをつくっていくために、地域包括ケアシステムの定期巡回・随時対応型訪問介護看護も検討されています。その際、①24時間体制の在宅医療・介護サービス提供体制、②「支援型住まい」「自立型住まい」、③高齢者ネットワークの構築が今後の課題となると思われます。

現在、梶原内科医院には、有床診療所を中心に訪問看護・介護、デイサービスの機能があり、およそ24時間体制での医療・介護サービス体制を構築することができます。また、一方では、現在は自立して生活している高齢者であっても、なんらかの不安をもっており、毎日の生活の見守りや安全の確認等について支援してくれる高齢者住宅へのニーズが大きいことも認識されています。したがって、この地域では、梶原医療・ケアセンターを核として、高齢者一人ひとりができるかぎり自立した生活ができるようなサービスを組み込んだ3種類の住まいの開発の意義は大きいと思われます。梶原医療・ケアセンターと高齢者住宅とを地域の中で、さらに密に連携するとともに、高齢者の社会活動、社会貢献活動を支援していく高齢者ネットワークを構築することにより、「診療所を中心とした高齢者健康コミュニティモデル」が創造できるものと考えます[19]（図7）。

今後の高齢者健康コミュニティの構築に向けて

高齢者が将来、身体が不自由になった場合や認知症になった場合には介護不安が生じます。介護をする人が身近にいない場合は、外部の人に生活の支援や介護をお願いせざるをえません。病気や障害をもっていない高齢者にしても、不安、孤独、安全の問題が生じることもあり、介護福祉サービスのニーズがあります。たとえ家族が同居していても、家庭の事情で介護を十分に行うことができない場合や、身体的な重度介護者を抱えることに家族が耐えられない場合もみられます。人は高齢になれば、病気や障害をもつようになり、介護福祉サービスが必要となります。そして、介護福祉スタッフの支援を受けながら生活し、最終的には亡くなるという運命をたどります。

地域包括ケアシステムを充足した「高齢者健康コミュニティ」を構築していくうえで、現状では次の6点が大きな課題になると思われます[22]。第1に、2025年を視野に置いた地域包括ケアシステムをつくりあげていくうえで、疾病・障害予防も含めた生活の質・人生の質を向上させるためのサービスを効率的に提供していくには、「地域包括ケア研究会報告書」で述べてあるように、施設ケア中心の方針から在宅ケア中心の方針へ高齢者ケアのパラダイムを転換していかなければならないことを、国民全体で認識する必要があると考えます[10]。

第2の課題は、高齢者の潜在的なニーズにも対応できる高齢者住宅を構築していかなければなりません。しかしながら、全国的に「自立型住まい」「支援型住まい」はほとんど整備されておらず、「支援型住まい」という考え方が確立されていませんので、これらの開発、整備に取り組んでいく必要があります。その際、「自立型住まい」「支援型住まい」の居室広さ、価格については米国のＣＣＲＣを参考にして地域の物価も考慮し検討していく必要があります。

第3の課題は、夜間を含めた24時間の巡回型訪問介護・看護サービス体制の構築です。24時間の夜間対応訪問介護事業は始まっていますが、本格的な整備はこれからです。マンパワーの配置、採算性に大きな課題があるからであると思われます。24時間体制でのサービスの提供方法に関し、デンマークなどの介護先進国の実例等を研究し、実践していく必要があります。在宅サービスの普及に高齢者住宅の整備が必要な理由は、効果的な在宅サービスを提供するためには、夜間のサービス体制をいかに効率的に構築するかが問題であり、そのためには、夜間においては、訪問看護師、介護士がまとまってサービスを提供できる場が必要であるからです。すなわち、定期的な、ある程度の数量のサービスの受け手がなければ利益が得られませんので、夜間から早朝のサービスの担い手を十分に確保できないからです。経営を安定させるには、スケールメリットのある事業にしなければなりません。

第4に、医療と介護を包括的に提供していくためには、在宅医療と介護の連携が課題です。在宅医療を担う在宅療養支援診療所制度は導入されていますが、地域で24時間カバーするという体制が機能していない現状があります。在宅医療については、医療機関と訪問看護ステーションとの連携が鍵であり、その連携方法、医師と看護師の役割分担についても研究していく必要があります。

第5に、自助、互助の支援のための体制づくりです。このためには自立している高齢者が助け合える場所をつくることが必要であり、自由に活用できる地域交流センターのような場所が増える必要があります。また元気な高齢者が支援を必要とする高齢者を相互で助け合うためのボランティア制度の普及についても研究していく必要があります。

第6に、システムを動かしていくのは人であり、高齢者介護を担う人材の待遇等を改善していくことが重要です。介護分野で働く人材が、介護技術とともに、マネジメント、マーケティングの知識をもつことにより、介護の仕事をプロ意識の強いものにすることができるとともに、生産性を向上していけるものと考えます。

これらの解決のための手段として、地域包括ケアシステムのひとつのモデルである「ネットワーク型高齢者健康コミュニティ」を図8に示しました。このモデルでは、まず第1段階として、高齢者住宅を核とした医療・介護サービスの複合拠点~在宅支援複合施設をつくり、次に第2段階として、在宅支援複合施設を中心に地域住民が自由に訪問できるような交流拠点を構築し、高齢者支援のネットワーク（互助組織）を展開していきます。そして、第3段階として、高齢者の経済力やADLに応じたニーズに合わせたさまざまな種類の住宅をつくり、それらを軸に24時間巡回型訪問サービスを機能させていくモデルです。

安心できるケアシステムを構築していくには、24時間体制の在宅医療・介護システムの構築と、高齢者住宅の整備は車の両輪のように機能していくことが不可欠です[7][11]。

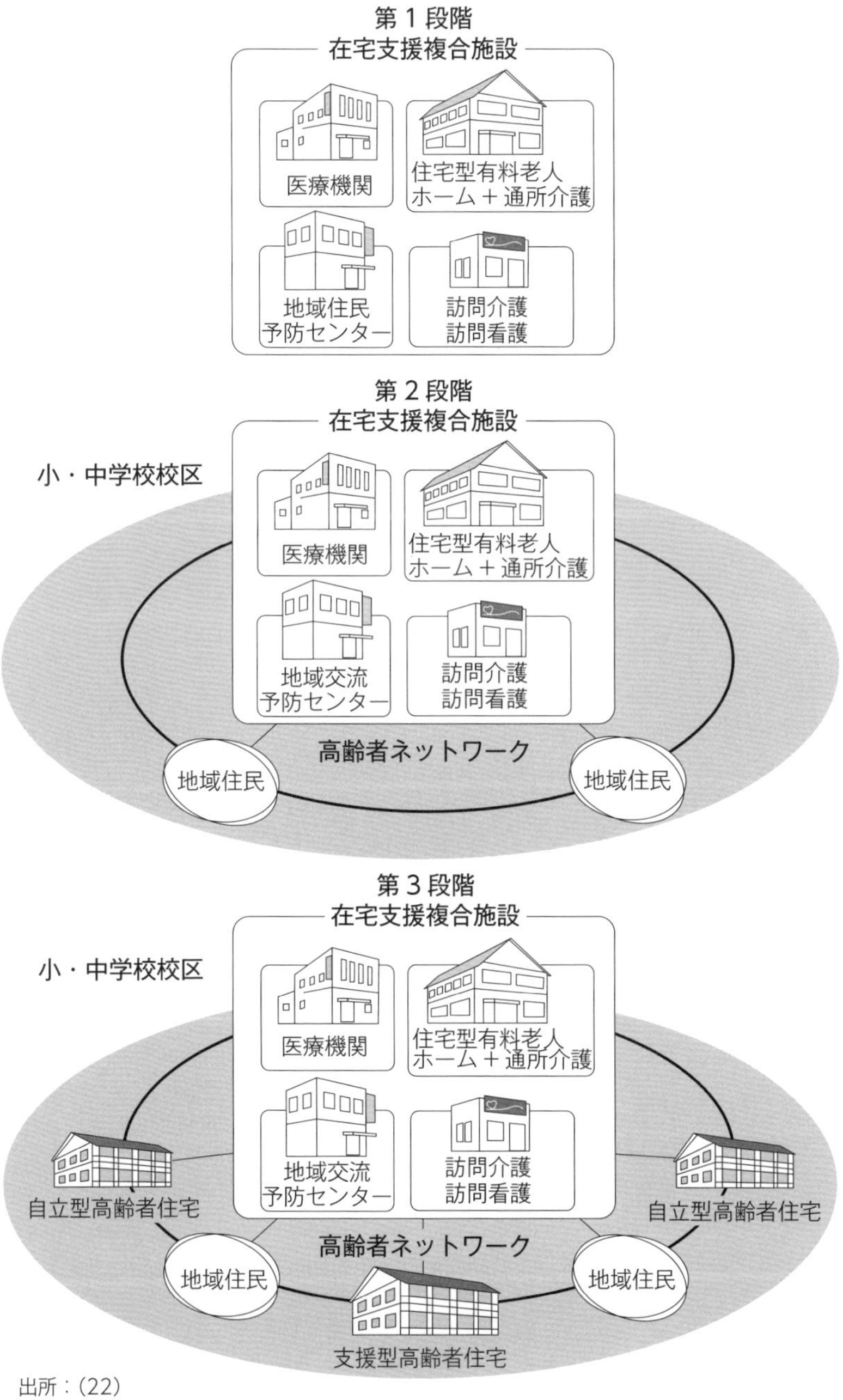

出所：(22)

図８　「ネットワーク型高齢者健康コミュニティ」

24時間体制の訪問サービス体制を実現可能なものにするためには、介護サービスは主として日勤帯に行い、深夜には必要不可欠な在宅医療・看護サービスを主として提供していくことにする方が望ましいでしょう。

さらに、高齢者ができるだけ自立して、精神的にも安定した生活を送るためには、地域社会とのつながりを積極的に構築し、交流の場、社会貢献活動の場をつくりあげていく必要があります。たとえば欧米では、高齢者による虚弱な高齢者へのボランティア活動等が、専門的（フォーマル）なケアを補完する非公式（インフォーマル）なサービスとして重要な役割を演じています[8][23]。日本でもこのような高齢者ネットワークを構築し、高齢者同士の交流を促進していくとともに、介護の一部を高齢者によるインフォーマルなケアで補完することにより、全体の介護コストを低減していく可能性も大きいと考えます。

そして、高齢者介護を行うスタッフの知識・スキルを高め、人材の質を向上させるための教育体制を完備し、スケールメリットや公的な報酬以外の資源なども活用し、給与水準を向上させていくことも大きな課題です。

引用参照文献

（1）山下正策・高田昌実・窪田昌行ほか「ケーススタディ　高齢者医療ケアの未来　加治木しあわせの杜・高齢者健康コミュニティＣＣＲＣ構想——医療法人　玉昌会　加治木温泉病院——」、『医療福祉経営マーケティング研究』４巻１号、２００８年、33～53頁

（2）山下正策・窪田昌行ほか「始良市高齢者自立支援コミュニティ構想——在宅支援複合施設を核とした地域包括システムの構築——」、『医療福祉経営マーケティング研究』５巻１号、２０１０年、37～57頁

（3）国立社会保障・人口問題研究所『日本の将来推計人口（平成18年12月推計）』、２００６年

（4）総務省・統計局「将来人口推計」、２００９年５月

（5）厚生労働省「平成20年　人口動態統計（確定数）の概況」、２００９年１月

(6) 厚生労働省「介護給付費実態調査月報（平成21年10月審査分）」、２００９年
(7) 地域包括ケア研究会「平成21年度老人保健健康増進等事業による研究報告書『地域包括ケア研究会報告書』」、２０１０年
(8) 朝野賢司ほか『デンマークのユーザー・デモクラシー――福祉・環境・まちづくりからみる地方分権社会――』新評論、２００５年
(9) 厚生労働省「医療・介護に関する長期推計（主にサービス提供体制改革に係わる改革について）」（第10回社会保障改革に関する集中検討会議）、２０１１年6月
(10) 東京大学高齢社会総合研究機構『２０３０年超高齢未来――「ジュロントロジー」が日本を世界の中心にする――』東洋経済新報社、２０１０年
(11) 馬場園明・窪田昌行・波多敬子・加野資典・加野豊子「ケーススタディ　地域包括ケアシステムの機能を満たす日本型ＣＣＲＣの概念とモデル」、『医療福祉経営マーケティング研究』７巻1号、２０１２年、25～31頁
(12) 波多敬子・加野資典・加野豊子・白水松代「豊資会における看取り事例」、『医療福祉マーケティング研究』６巻1号、２０１１年、87頁
(13) 窪田昌行ほか『新シニア住宅開発実務資料集』綜合ユニコム、２００７年
(14) 国立社会保障・人口問題研究所『日本の将来推計人口（平成24年1月推計）』、２０１２年
(15) 下村徹郎・窪田昌行・馬場園明ほか「ケーススタディ　地域コミュニティに根ざした介護療養病床の転換戦略――医療法人竜門堂――」、『医療福祉経営マーケティング研究』６巻1号、２０１２年、27～44頁
(16) 厚生労働省「療養病床に関する説明会資料」、２００６年4月13日
(17) 厚生労働省「療養病床の再編成と円滑な転換に向けた支援措置のご説明」、２００８年3月
(18) 印南一路『「社会的入院」の研究』東洋経済新報社、２００９年
(19) 梶原健伯・窪田昌行ほか「介護療養病床の転換モデルとしての有床診療所における住宅型有料老人ホームの研究――医療法人梶原内科医院――」、『医療福祉経営マーケティング研究』３巻1号、２００８年、31～43頁
(20) 窪田昌行『病医院の事業多角化戦略モデルプラン集』綜合ユニコム、２００７年
(21) 服部直和・窪田昌行ほか「次世代ヘルスケアシステムの研究――リハビリテーションを核とした急性期から回復期までを経て自宅まで切れ目のない医療・介護サービス体制の構築を目指して――」、『医療福祉経営マーケティング研究』２巻1号、２００７年、27～39頁
(22) 下水流智和・大囿歌織・伊作澄子ほか「ケーススタディ　地域包括ケアシステム構築のための在宅支援複合施設の活用」、『医

療福祉経営マーケティング研究』6巻1号、2011年、45～60頁

(23) 松岡洋子『エイジング・イン・プレイス（地域居住）と高齢者住宅——日本とデンマークの実証的比較研究——』新評論、2011年

第5章

高齢者の自立を支える

高齢者に対し、「本人の意思の尊重」、「残存機能を活用した自立支援」、「生活とケアの連続性の維持」を原則としたサービスを行っていくためには、支援における考え方とサービスのプログラムが必要です。そこで、この章では、「高齢者健康コミュニティ」で行う「ホームベース型健康支援」、「介護予防のための支援」、「高齢者のこころの支援」について取り上げることにしました。

高齢者健康コミュニティで行うホームベース型健康支援

ホームベース型健康支援

「高齢者健康コミュニティ」で行うことは支援活動です。人を支援するということは相手との共同作業を行うことです。したがって、まず、相手の立場にたって考えることが大事ですが、その前提として相手をよく理解することから出発すべきだと思います。相手の立場にたって、「相手が何を望んでいるかというところに関心をもち、どのように支援したら、疾病や障害を予防することができ、生活の質・人生の質も向上するか」ということに焦点を合わせることが必要なのです。

行動理論では、エンパワメントという概念があります。エンパワメントは、本人が目標を達成するために、自律的に行動する力を付与することです。[1]「自律性」を尊重するためには、本人による目標の明確化や自主的な判断による方法の選択を「支援」することが求められます。エンパワメントのプロセスでは、まず、本人の話を「傾聴」し、本人に、「どうなりたいのか」「どうしたいのか」「何だったらうまくやれそうか」「どうした

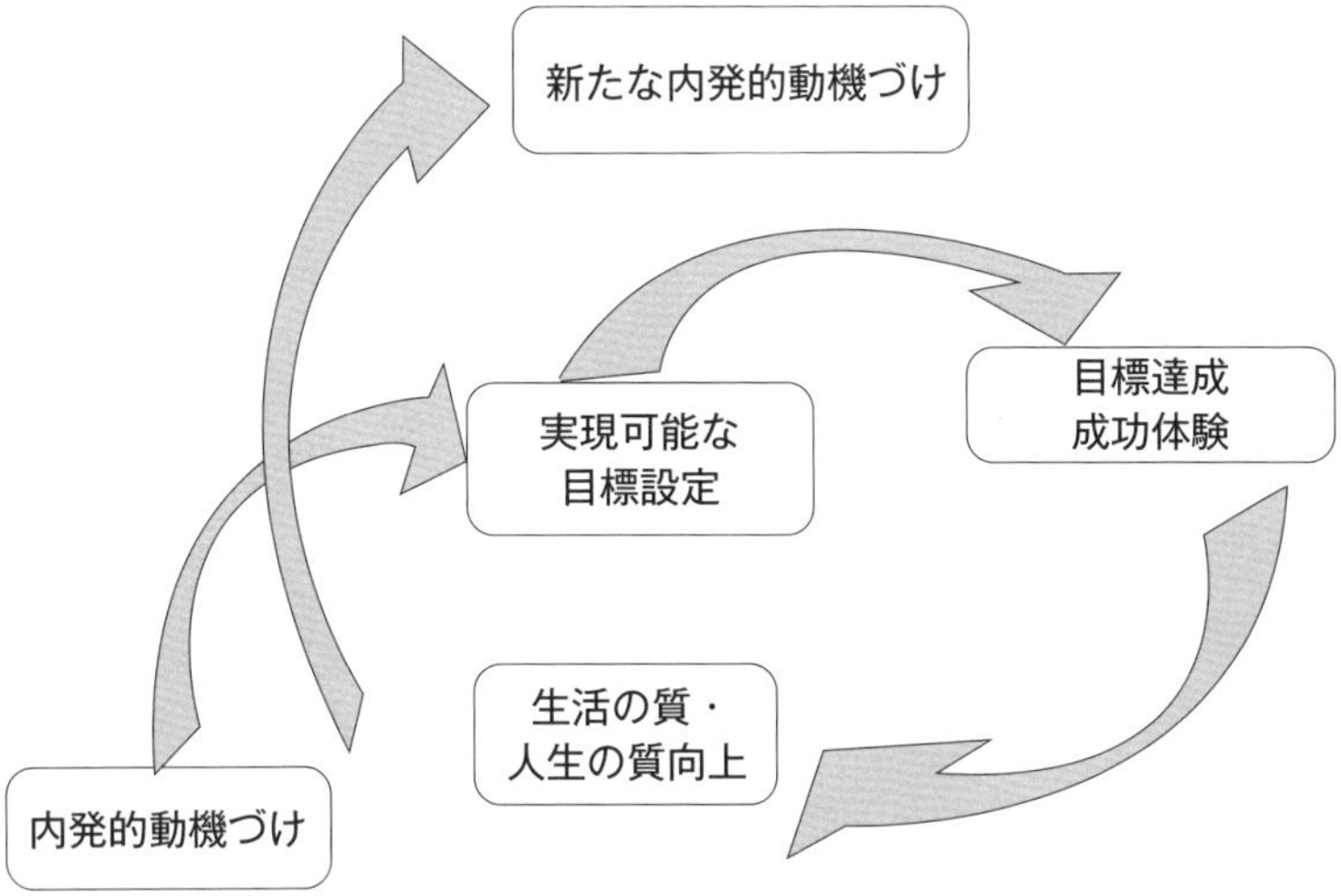

出所：(2)

図１　「ホームベース型健康支援」モデル

らできそうなのか」といったことに焦点づけ、本人が「選択」できるようにフィードバックをすることが支援の特徴です。

「高齢者に対して共感的な理解を軸に楽観主義的に生活習慣の改善をエンパワメント」する方法として、著者が開発したのが「ホームベース型健康支援」です(2)。「ホームベース型健康支援」の定義は、「自らの生活の場（Ｈｏｍｅ）という安心・安定した環境の中で、本人自身の内発的動機づけを尊重し、目標達成型で生活の質・人生の質の向上をめざしてもらい、支援者は本人ができることをできるように支援すること」です。「ホームベース型健康支援」のポイントは、「目標達成」です。問題を明確にし、「自分がどうなりたいか」「どうしたらできそうか」について考えてもらって、目標を設定し、それを達成し、「成功体験」を積み重ねていくのがこのモデルの構造です（図１）。「本人ができることをできるように支援」するのが支援の基本です。できないことをさせてしまったら、本人に自信を失わせる結果になってしま

前向きの態度（行動変容に積極的になること）
ステージモデルを用いて，本人のステージに合わせた支援を行い，プログラム参加への「有益性」が「困難さ」を上回ることを認識してもらう。

自己効力感（行動をうまくやれる自信）
プログラムに参加することが，望ましい結果をもたらすという期待をもち，その行動をうまくやれる自信をもってもらう。

周囲からの支援（重要な他者からのさまざまな形の援助）
本人のメンタルヘルスに配慮し，目標を達成するために自律的に行動する力を付与するエンパワメントを行う。

出所：(2)

図 2 「ホームベース型健康支援」の 3 要素

うからです。「ホームベース型健康支援」の3要素は、計画的行動理論[3][4]を応用して、「前向きの態度」「自己効力感」「周囲からの支援」としています（図2）。「前向きの態度」は、生活習慣の改善に積極的になることです。「自己効力感」は、行動をうまくやれる自信です。「周囲からの支援」は、重要な他者からのさまざまな形の援助です。

前向きの態度

高齢者により健康的な生活習慣をもってもらうことは疾病や障害を予防するためにも、生活の質・人生の質を向上させてもらうためにも必要なことです。しかし、運動不足の高齢者に運動をしてもらおうと思っても相手のこころの準備状態がわからなければどう支援したらいいかわからないため、「ステージモデル[5]」は、生活習慣を改善しようというこころの準備状態を知るのに便利です。表1に示すように、こころの準備状態のステージは、「無関心期」「関心期」「準備期」「実行期」「維持期」があります。

ステージモデルは、禁煙に関する生活習慣の改善に対して組

表１　ステージモデルと支援方法

ステージ	こころの準備状態	支援方法
無関心期	生活習慣の改善の必要性をまったく考えていない状態	生活習慣の改善の必要性についての情報提供
関心期	生活習慣の改善の必要性を感じている状態	生活習慣の改善に対する自信付与
準備期	生活習慣の改善に関する情報を収集している状態	生活習慣の改善の計画支援
実行期	生活習慣の改善を行っている状態	生活習慣の改善の支援
維持期	減量に成功してそれを維持する状態	生活習慣の改善の維持支援

出所：(2)

み立てられました。喫煙している人が、「禁煙」することは簡単なことではありません。したがって、「無関心期」→「関心期」→「準備期」→「実行期」→「維持期」のプロセスはすぐには進まず、時間がかかるとされています。しかし、「ホームベース型健康支援」では、「できることをできるように支援」していき、面接のはじめには「無関心期」であっても、面接が終わったときに「実行期」になることをめざしています。

「無関心期」には「生活習慣の改善の必要性についての情報提供」、「関心期」には「生活習慣の改善に対する自信付与」、「準備期」には「生活習慣の改善の計画支援」、「実行期」には「生活習慣の改善の支援」、「維持期」には「生活習慣の改善の維持支援」といったように、高齢者のステージに応じた支援をすることが期待されています。しかし、どのステージの対象者にも初回面接で、「無関心期」、「関心期」、「準備期」から「実行期」にもっていくことを目標とします。したがって、「無関心期」の高齢者には、「生活習慣の改善の必要性についての情報提供」、「生活習慣の改善に対する自信

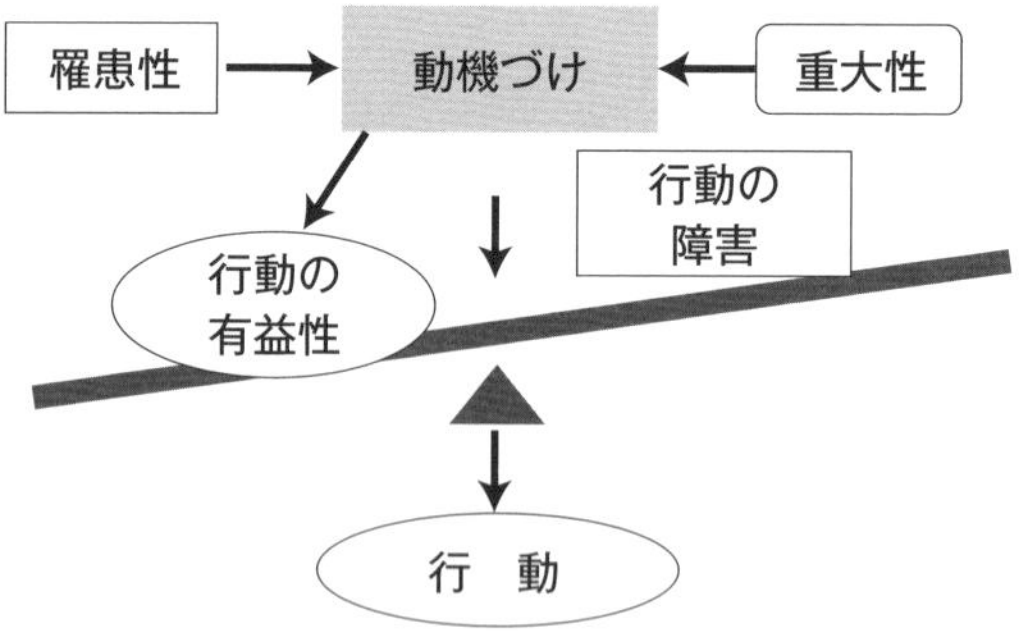

図３　健康信念モデル

付与」、「生活習慣の改善の計画支援」、「関心期」の高齢者には、「生活習慣の改善に対する自信付与」、「生活習慣の改善の計画支援」、「準備期」の高齢者には、「生活習慣の改善の計画支援」をすることが必要です。また、「実行期」、「維持期」の対象者には「生活習慣の改善の維持支援」が必要ですが、対象者が今以上の結果を求めた場合は、「生活習慣の改善の再計画支援」も必要となってきます。

「無関心期」、「関心期」、「準備期」の高齢者には、健康信念モデル（図３）が示すように、「行動の有益性」が「行動の障害」を上回ることを認識してもらうことが重要です。[6]「行動の有益性」は、高血圧、糖尿病、脳卒中、狭心症、心筋梗塞、認知症、うつ病などの「病気になるリスクが減少し、生活の質・人生の質が向上する」ことで、「行動の障害」は、「面倒である」、「時間がかかる」といったものです。自分も疾病や障害になるリスクがあるという「罹患性」や疾病や障害をもつと大変なことになるという「重大性」を理解してもらうと健康によいとされる行動をとる動機づけになります。「行動の有益性」を実感してもらうためには、糖尿病や心筋梗塞などになった家族や知り合いを思い出してもらうことも有効です。しかしながら、健康支援の目的は脅して生活習慣を改善させることではありませんので、あくまでも生活習慣の改善によって病気のリスクを下げることができることに焦点づけましょう。

自己効力感

生活習慣を改善するには、「自己効力感[7]」を高めるための支援を行います。「自己効力感」とは、「結果期待」をもたらす行動をうまくやれる自信です。「うまくやれる行動」とは、「容易である」と認知される行動です。運動に関しては、「朝みんなでウォーキングをすればいいですよ」とか「ゆっくり歩くだけでもいいのですよ」といったことや、食事に関しても、「朝食はバナナとヨーグルトだけでもいいですよ」とか「好きなものを食べて、残してもいいですよ」といった「受け入れやすい提案」は自己効力感を高めます。「一生懸命にする」とか、「がんばる」とか、「がまんする」という生活習慣の改善では、「自己効力感」を得ることは困難ですから、「一生懸命がんばりましょう」とか、「がまんしていればそのうちに慣れますよ」といった支援は適切ではありません。

「自己効力感」をともなう「生活習慣の改善」の選択に、「２原理３原則」、「微分行動修正法」という実践法は参考になります[2]。「２原理３原則」とは九州大学名誉教授藤野武彦が提唱した健康支援の実践法で、「自分で自分を禁止、抑制することをできるだけしない」、「自分にとって心地よいことをひとつでも開始する」という２原理の実行と「たとえ健康によくても嫌いなことはできるだけ行わない」、「たとえ健康に悪くても好きでたまらないことはやめず、とりあえず現状を認める」、「健康によくてしかも自分が実行できて心地よくなることをひとつでもよいから始める」という「３原則」の実行を勧めるものです[2]。「２原理」は生活習慣の改善における方針で、「３原則」は健康に関する生活習慣の改善の方針です。「自分で自分を禁止、抑制することをできるだけしない」は、自然に起こっている要求をがまんし続けることは精神的にも負担ですので無理しない方がいいということを意味します。一方、「自分にとって心地よいことをひとつでも開始する」ということは、心地よいことはストレス解消法にもなり、長続きする可能性があるということです。「たとえ健康によくても嫌いなことはできるだけ行わない」は、たとえば、「筋肉トレーニングがいいことだと思っても嫌なことであれば長続きしないので、生活習慣の改善の方法として選ばない方がいいということ」です。「たとえ健康に悪くても好きでたまらないことはやめず、とりあえず現状を認める」は、「喫煙は健康に悪いことはわかっているが、禁煙できそうもないときに禁煙しても長続きしない可能性が大きいので、一応、現状を認める方がいいということ」です。「健康によくてしかも自分が実行できて心地よくなることをひとつでもよいから始める」ということは、「自己効力理論」を具体化しています。たとえば、毎朝30分歩くことはできそうだと考えたとします。実行した結果、減量でき、血圧や血糖も下がれば心地よくなるでしょう。

「微分行動修正法」とは九州大学名誉教授峰松修により提案された実践法で、「その人の生活行動の最小限の修正を行うことで他の行動にも波及的に効果が及び健康状態を改善する方法[2]」です。たとえば、「毎日歩数計をつける」といった容易な「微分行動修正」を行うことで、「歩数が増え、そのためによく眠れるようになり、血圧や血糖が低下」するような効果をめざすのです。また、「起きる時間を早くする」のも比較的容易な「微分行動修正」です。早く起きると歩く時間ができます。早く起きて運動すれば、よく眠れるためにストレスの緩和につながります。それから、夕食の時に、「つくってくれた人に感謝して食事を始める」ことも「微分行動修正」になります。「食卓が和やかになり、ゆっくり食事ができて、リラックスできるといったシナリオ」を描くことができます。生活習慣の改善や健康支援がその人の現在のライフスタイルから乖離し、また、その人の生きるシナリオや価値観を無視したものであるならば、よい結果は望めません。よって、「ホームベース型健康支援」は、これら2つの実践法を用いて本人による目標設定や方法の選択などの自己決定能力を最大限に尊重し、シナリオを描くことが特徴なのです。

周囲からの支援

「ホームベース型健康支援」では、生活習慣の改善に「前向き」になってもらい、「自己効力感をともなった目標」を設定し、「目標を達成」することを支援します。そのプロセスを「周囲からの支援」で組み立てます。「周囲からの支援」には、共感・愛情・信頼・敬意を示す「共感的支援」、対象者の行動・考え方・生き方について肯定的な評価を行う「評価的支援」、対象者の役に立つアドバイスや情報を与える「情報的支援」、物や行動で支援する「道具的支援」があります。

面接のときに、高齢者に話したいことを話してもらって相槌を打つのは、「共感的支援」です。また、高齢者ががんばってうまくいったことを報告したときに、「よくがんばりましたね」とか、「なかなかできることではありませんね」と賞賛することは、「評価的支援」にあたります。「歩くことだけでも認知症予防ができますよ」とか、「歩くときの姿勢をよくすると転倒予防の訓練になりますよ」とアドバイスすることが、「情報的支援」です。安全なウォーキングコースを提供したり、歩数計を貸し出したりすることは、「道具的支援」です。

ホームベース型健康支援の具体例

図4に高齢者の一般的な「ホームベース型健康支援」のシナリオを示しました。高齢者にとって食事を適切

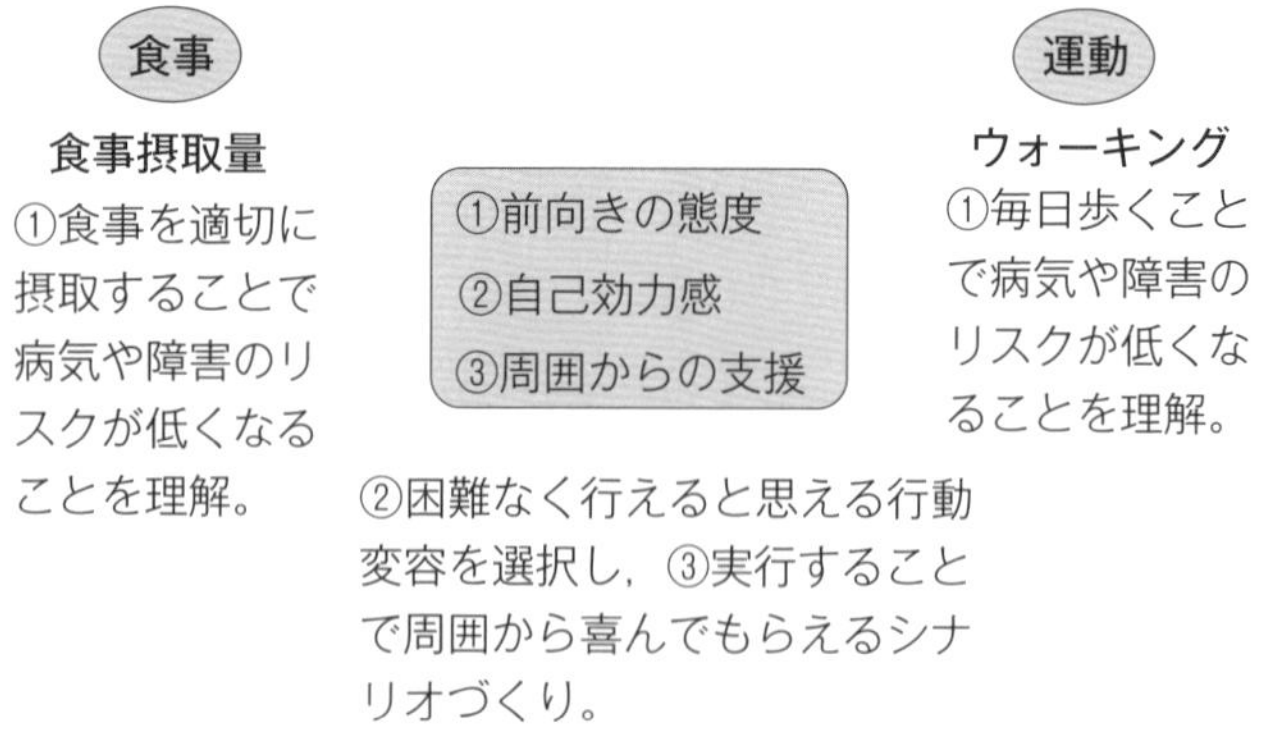
食事
食事摂取量
①食事を適切に摂取することで病気や障害のリスクが低くなることを理解。
①前向きの態度
②自己効力感
③周囲からの支援
運動
ウォーキング
①毎日歩くことで病気や障害のリスクが低くなることを理解。
②困難なく行えると思える行動変容を選択し，③実行することで周囲から喜んでもらえるシナリオづくり。

出所：(2)

図4 「ホームベース型健康支援」によるシナリオ

に摂取することと毎日歩くことは基本的な生活習慣になります。食事を適切に摂取することと毎日歩くことで病気や障害のリスクが低くなることを理解してもらって、困難なく行えると思える行動変容を選択し、実行することで周囲から喜んでもらえるシナリオづくりを行います。

たとえば、できるだけ長く自立した状態で生活してもらうために、毎日歩くといった適切な運動をすることに「前向き」になってもらいます。本人が「できる」と思えるような歩数の目標や方法の設定をすると「自己効力感」が得られます。そして、定期的にスタッフに歩数を知らせる「仕組み」をつくれば、「周囲からの支援」を行うことができます。1日の歩数を7000に設定し、歩くようになると体も疲れ、よく眠れるようになります。また、歩く仲間も増えて、話しながら歩くので、お互いの励みにもなり、認知症の予防にもなります。スタッフから、「目標達成お疲れさま」などといわれると高齢者は嬉しい気持ちになります。

低栄養状態の高齢者が支援の対象であれば、適切に食事をすることが病気や障害の予防に必要であることを理解してもらって食事を適切にしようという気になってもらうのが「前向きの態度」への支援です。嚥下障害のある人であれば、「ソフト食」や「とろみ」のついた嚥下しやすい食事を提供するといったことで、不安なく食事ができるよう「自己効力感」をもってもらうことが可能となります。「周囲からの支援」としては、「本人が食べようとしていること」や「少しでも食べたこと」を評価することがあげられます。

認知症の高齢者が汚れた下着を隠すのはめずらしいことではありません[8]。そのときに不愉快な顔をされると高齢者は悲しい思いをします。「今から洗いましょう。洗えばきれいになるから大丈夫ですよ」と受け入れて、「前向き」になってもらいます。そして、「今度からはここに入れてくれると助かります」とわかりやすい行動をアドバイスします。きちんとできたら、「ちゃんと入れてくれたんですね。ありがとうございます。今度からもここに入れてくれると、すぐに洗濯できて助かります」と「周囲からの支援」を行い、楽観主義的な態度で生活習慣の改善をエンパワメントすることができます。

今後ますます高齢者の割合が増加し、医療・介護・年金を中心とした社会保障費が急増していくことは避けられず、医療・介護の効果的・効率的なケアが必要になっています。そして高齢者の意思を尊重して生活の質・人生の質を向上させるケアが求められています。

高齢者にとって質が高くしかも効率的なケアを行っていくためにもっとも重要なのは、スタッフの高齢者を支援する姿勢であると思われます。それは、スタッフが「高齢者が自分の人生を前向きに肯定して統合すること」を支援するために、「高齢者の運動機能、口腔機能、栄養状態を高め、さらには認知・情緒面の改善を通じて、生活機能を高め、生きがいや自己実現の達成に向けた支援」ができるかどうかにかかっています。「疾病や障害の予防の支援」や「こころのケア」に、「ホームベース型健康支援」を用いることが有効であると思われます。

介護予防のための支援

介護予防とは

人はできるだけ長く自立した状態でいて、天命を全うしたいと思っています。それを実現するために、「高齢者健康コミュニティ」では「要介護状態になることをできるだけ防ぐ（遅らせる）こと、すでに要介護状態になっていてもその悪化をできるだけ防ぐ[9]」介護予防を行い、病気や障害を避け、自分の人生を肯定的に受け入れるための支援を行うことが必要です。高齢者に多い身体的な疾患は、脳卒中、心臓病、悪性腫瘍、糖尿病、高血圧、肺炎、骨折などで、精神的な疾患では、認知症、うつ病です。これらの疾患を予防していくには、適切な運動の実践や栄養摂取が不可欠です。疾病や障害の予防プログラムを成功させるには、高齢者本人に自主的に継続的に行ってもらう仕組みを構築する必要があります。

「ホームベース型健康支援」の3要素は、「前向きの態度」、「自己効力感」、「周囲からの支援」でした[2]。できるだけ長く自立した状態で生活してもらうためには、疾病や障害の予防に「前向き」になってもらい、本人が「できる」と思えるような目標や方法を設定し、周囲から支援を受ける「仕組み」をつくることが重要です。

介護保険の事業で行われている介護予防プログラムは、運動機能や栄養状態、口腔機能、さらには認知・情緒面の改善を通じて、生活機能を高め、自己実現の達成に向けた支援を行うことをめざしており、根拠のある優れたプログラムです[10]。活動的な状態にある高齢者を対象に精神・身体・社会における活動性を維持・向上させる一次予防[9]と、疾病のリスクや要支援・要介護状態に陥るリスクが高い高齢者を早期発見し、早期に対応することにより、要支援状態となることを防ぐ二次予防[9]があります。二次予防の対象者は、介護予防プログラムの対象となる特定高齢者になります。

介護予防プログラムの対象となる特定高齢者は表２に示されている基本チェックリストによって決定されています[9]。質問項目は、６～10が「運動器の機能向上」、11・12が「栄養改善」、13～15が「口腔機能の向上」、16・17が「閉じこもり予防・支援」、18～20が「認知症予防・支援」、21～25が「うつ病予防・支援」の介護予防プログラムと関連しています。

「運動器の機能向上」のプログラムの対象者は、基本チェックリスト６～10のすべてに該当する高齢者、あるいは、うつ病関連の項目を除く１～20の項目のうち12項目以上該当する高齢者であって、表３に示す運動機能測定を行った場合に３項目の測定の配点合計が５点以上になった場合についても該当する高齢者です。「栄養改善」のプログラムの対象者は、基本チェックリスト11・12に該当し、ＢＭＩは体重（kg）を身長（m）の二乗で割った値ですが、この値が18・５未満、あるいは血清アルブミン値が３・５g／dl以下となっています。「口腔機能」プログラムの対象者は、基本チェックリスト13～15のすべてに該当し、視診により口腔内の衛生状態に問題があり、反復唾液嚥下テストが３回未満となっています。なお、反復唾液嚥下テストとは、検者は被検者の喉頭隆起・舌骨に指腹をあて、30秒間嚥下運動を繰り返させるものです。被検者には「できるだけ何回も「ごっくん」と飲み込むことを繰り返してください」と説明し、嚥下運動時に起こる喉頭挙上→下降運動を触診で確認し、30秒間に起こる嚥下回数を数えるものです。「閉じこもり予防・支援」プログラムの対象者は、基本チェックリスト16に該当する高齢者です。17にも該当する場合は特に要注意となっています。

表 2　基本チェックリスト

カテゴリー	No.	質　問　項　目	該当回答
日常生活	1	バスや電車で 1 人で外出していますか	いいえ
	2	日用品の買い物をしていますか	いいえ
	3	預貯金の出し入れをしていますか	いいえ
	4	友人の家を訪ねていますか	いいえ
	5	家族や友人の相談にのっていますか	いいえ
運動機能	6	階段を手すりや壁をつたわらずに昇っていますか	いいえ
	7	いすに座った状態から何もつかまらずに立ち上がっていますか	いいえ
	8	15 分くらい続けて歩いていますか	いいえ
	9	この 1 年間に転んだことがありますか	はい
	10	転倒に対する不安は大きいですか	はい
栄養	11	6ヶ月間で 2～3 kg 以上の体重減少がありましたか	はい
	12	BMI が 18.5 以下ですか	はい
口腔機能	13	半年前に比べて固いものが食べにくくなりましたか	はい
	14	お茶や汁物等でむせることがありますか	はい
	15	口の渇きが気になりますか	はい
閉じこもり	16	週に 1 回以上は外出していますか	いいえ
	17	昨年と比べて外出の回数が減っていますか	はい
認知症	18	周りの人から「いつも同じことを聞く」などの物忘れがあると言われますか	はい
	19	自分で電話番号を調べて，電話をかけることをしていますか	はい
	20	今日が何月何日かわからないときがありますか	はい
うつ病	21	（ここ 2 週間）毎日の生活に充実感がない	はい
	22	（ここ 2 週間）これまで楽しんでやれていたことが楽しめなくなった	はい
	23	（ここ 2 週間）以前は楽にできていたことが今ではおっくうに感じられる	はい
	24	（ここ 2 週間）自分が役に立つ人間だと思えない	はい
	25	（ここ 2 週間）わけもなく疲れたような感じがする	はい

出所：(9)

表３　運動器の機能向上該当者の基準

運動機能測定項目	男性基準値	女性基準値	配点
握力（kg）	＜29	＜19	2
開眼片足立時間（秒）	＜20	＜10	2
10m 歩行速度（秒）	≧8.8	≧10.0	3
（5m の場合）	（≧4.4）	（≧5.0）	3

出所：(9)

「認知症予防・支援」プログラムの対象者は、基本チェックリスト18～20のいずれかに該当する高齢者です。「うつ病予防・支援」プログラムの対象者は、基本チェックリスト21～25で２項目以上該当する高齢者です。

現在、介護保険による介護予防スクリーニングを受ける高齢者が少なく、そのために介護予防プログラムを受ける高齢者も少ないという問題があります(9)。介護保険による介護予防プログラムは週に１回３ヶ月間しか行われず、それ以外は高齢者の自助努力に委ねられています。しかしながら、高齢者が自発的に運動を毎日継続することは容易ではありません。

そこで、「高齢者健康コミュニティ」で生活している高齢者に、介護予防プログラムを提供することは計りしれない利益を与えます。このプログラムは、介護予防スクリーニングでリスクがあるとされた高齢者のみならず、リスクがないとされた高齢者の一次予防のためにも有用なものです。「高齢者健康コミュニティ」で介護予防プログラムの週間スケジュールを決め、毎日プログラムに参加してもらった方が予防の効率が向上します。そして、運動に関する介護予防プログラムに関しては、すべての高齢者が毎日参加できるようにスケジューリングします。たとえば、朝と夕方、30分ずつウォーキングのプログラムを集団で行うようにすれば、歩きながら他の高齢者と話もできるので、生活の質を向上させながら認知症を予防することもできます。なお、予防プログラムに必要な財源は、「高齢者健康コミュニティ」では、入居時の一時金や毎月の運営費に求めることができます。予防プログラムの生産性は高く、入居した高齢者の生活の質や人生の質を向上させることができます。

運動器の機能向上

加齢によって運動機能が低下してきますと、それにより本人の自信や意欲が低下して運動量自体が少なくなりがちです。また、下肢や体幹の筋力低下と膝や腰の痛みは、高齢者の移動能力の低下を引き起こす大きな要因となります。この老化と動かないことの悪循環により、運動機能だけでなく社会的・心理的機能も低下してきます。

運動器の機能向上プログラムは、運動を習慣化することによって、社会的にも心理的にも状態が改善され、最終的には高齢者の生活の質・人生の質を高めることを目標としています。高齢者に対しては運動器の機能向上に「前向き」になってもらうために、運動説明会やポスターなどを使って、運動習慣による生活習慣病や認知機能低下の予防効果を知ってもらうことで、対象者のプログラムへの参加意欲や継続意欲を高めることができます。運動説明会では、日常生活で「歩行」、「立ち上がり」、「階段の昇降」、「爪切り」などで困難になっている項目があるかどうかを聞きながら、運動器の機能向上プログラムの参加に前向きになってもらうのです。目標設定を行う項目としては、運動の時間、歩数などがあります。最初は目標をあまり高く設定せず目標を達成してもらい、それから徐々に目標を上げていくと達成感が得られます。そして、目標を達成した日には○をつけることなどを日課にすれば自己効力感は高まります。

表4に標準的な運動器の機能向上プログラムの内容を示しました。[9] 機能的運動は、体幹および下肢の協調動

表４　標準的な運動器の機能向上プログラム

項　目	内　容	目　的
ウォーミングアップ	ストレッチ バランス	柔軟性 平衡性
主運動	筋力トレーニング 機能的運動	筋力増強 生活能力改善
クールダウン	ストレッチ リラクゼーション	筋肉のケア 自律神経のケア

出所：(9)

表５　転倒リスク基本チェックリスト

1	階段を手すりや壁をつたわらないと昇れませんか
2	いすに座った状態から何かにつかまらないと立ち上がれないですか
3	15分くらい続けて歩くことができないですか
4	この１年間に転んだことがありますか
5	転倒に対する不安は大きいですか

５項目のうち３項目以上，はいと回答した場合は，転倒予防プログラムの該当者とする。

出所：(12)

作を学習し、日常生活活動や余暇活動などで必要とする複雑な運動の向上を図ることを目的とします。また、膝痛や腰痛のある高齢者には膝痛改善プログラム、腰痛改善プログラムなども運動器の機能向上プログラムの応用で対応可能ですが、膝痛のある場合は大腿四頭筋の強化を重視し、腰痛改善プログラムでは腹筋や背筋のストレッチなどを重視します。これらのプログラムは公開されており[11]、膝痛や腰痛のある高齢者には効果があります。

　転倒のリスクの高い高齢者にも運動器の機能向上のプログラムの実施が必要です。転倒のリスクは表5の質問表で特定できます[12]。過去1年間に転倒した経験のある高齢者および転倒の恐怖により日常生活や社会的な活動への制限を感じてい

表 6　転倒リスク評価法

1	つまずくことがある
2	手すりにつかまらず，階段の昇り降りができない
3	歩く速度が遅くなってきた
4	横断歩道を青のうちに渡りきれない
5	1 km くらい続けて歩けない
6	片足で 5 秒くらい立つことができない
7	杖を使っている
8	タオルは固く絞れない
9	めまい，ふらつきがある
10	背中が丸くなってきた
11	膝が痛む
12	目が見えにくい
13	耳が聞こえにくい
14	物忘れが気になる
15	転ばないかと不安になる
16	毎日，お薬を 5 種類以上飲んでいる
17	家の中で歩くとき暗く感じる
18	廊下，居間，玄関によけて通るものが置いてある
19	家の中に段差がある
20	階段を使わなくてはならない
21	生活上，家の近くの急な坂道を歩く

該当する項目 1 つにつき 1 点とする。　　　点数（　　　　　）
10 点以上であれば転倒予防プログラムに該当するか検討する。

出所：(13)

る高齢者に対しては、転倒リスク基本チェックリストでスクリーニングを行います。転倒リスク基本チェックリストの5項目のうち3項目以上に該当していない高齢者についても、表3に示す体力測定を行った場合に測定の合計点が5点以上となった場合は、転倒予防の該当者とみなしてよいことになっています[9]。また、表6の転倒リスク評価表を用いてリスク評価を行い、10点以上であれば転倒予防プログラムを実施することを検討することになっています[13]。

転倒予防プログラムも運動器の機能向上のプログラム同様、ウォーミングアップ、主運動、クールダウンから構成されており、プログラムの内容は公開されています[11]。転倒リスクの高い高齢者には環境面の転倒予防対策も重要です。対策としては、高齢者が歩く通路を明るくすること、床や廊下を滑りにくくすること、物を置かないこと、段差をなくすこと、トイレ・洗面所・浴室・ベッドに手すりを設置すること、ベッドの高さを足がつく高さにすることなどがあげられます[12]。また、転倒リスクの高い高齢者には離床センサーをつけ、スタッフが見守ることができるようにすることも必要です[12]。

ウォーキングは、いつでも、どこでもできる運動です。前にも述べたように、「高齢者健康コミュニティ」ではグループでウォーキングする時間を7時と17時などに決めておくと運動を継続しやすくなります。メンバー同士で歩行状況を報告しあうことによって、ウォーキングの意欲が高まり、歩数を増やすコツを学習することができます。また、「高齢者健康コミュニティ」のスタッフも参加してのウォーキングプログラムを1週間に1回程度実施することも継続するための支

表７　よい歩き方と悪い歩き方

	よ　い	悪　い
視線	前を向く	下を向く
背筋	伸ばす	ねこ背
膝	伸ばす	曲がる
足	しっかり上げる	つま先を上げない

出所：(9)

援になります。ウォーキングのときにはスタッフが姿勢に気をつけてあげることも大切です。前を向き、背筋を伸ばし、膝関節は伸ばし、足はしっかり上げることが転倒予防に役に立ちます[9]（表7）。

なお、運動直前の食事は避ける、水分補給を十分に行う、睡眠不足・体調不良のときには無理をしない、関節痛が強いなど身体になんらかの変調がある場合にはスタッフに伝えることを高齢者に徹底しておくことも重要です。そして、運動やウォーキングを行う前には血圧を測り、安静時に収縮期血圧１８０ｍｍＨｇ以上、または拡張期血圧１１０ｍｍＨｇ以上である場合、安静時脈拍数が１１０拍／分以上、または50拍／分以下の場合、いつもと異なる脈の不整がある場合は運動を中止するようにしましょう[9]。

そして、スタッフが運動やウォーキングを継続することを称賛することによって、やりがいも生まれてきます。できるだけ穏やかで温かい雰囲気になるようにスタッフがこころがけると高齢者も参加しやすくなり、継続率も高くなります。

栄養改善の支援

人にとっての食事は、生理的な要求を満たし、疾病や障害の予防といった安全の要求を満たすばかりでなく、家族や友人と一緒に食事をするということで所属の欲求を満たし、自分に適切な食事のケアが行われていることで自尊の要求が満たされ、周囲の人に貢献するための自己実現の資源となるものであり、かけがえのないものです[8]。

今までの栄養食事指導では、生活習慣病の予防および重症化予防を主な目的としてきたために、過剰な栄養状態への対応、すなわち「食べる楽しみ」を制限する指導になりがちでした。その結果、明らかに虚弱な痩せた高齢者が食べすぎを心配する場合や、食欲低下のある高齢者に対して減塩指導が行われる場合もありました[8]。しかしながら、タンパク質・エネルギー低栄養状態になれば、疾病にかかりやすく、疾病や障害からの回復が遅延しやすいことがわかっています[8]。そこで、高齢者に対する栄養改善プログラムでは、人間の基本的欲求である食べる楽しみを重視し、食べることによって低栄養状態を予防・改善し、高齢者の生活機能を維持・向上させ、自己実現のできる喜びを味わえることを目的として行う必要があります。

「栄養改善」の支援の対象者に行う栄養アセスメント票を表８に示しました[9]。３ヶ月以内の手術や食事療法の必要な入院、食事療法や食事に注意が必要な慢性疾患、継続する下痢や便秘がある場合には、管理栄養士が個別相談を行い、必要に応じて医師の指示や指導等を受けます[9]。下痢の原因には、疾病や薬物が影響している場合、衛生管理などさまざまな要因があります。便秘に関しても、投薬、消化管機能の低下、水分摂取量の不足、運動不足、生活リズムの乱れなどが関連していることがあり、話をよく聞いて適切なアドバイスが必要です。

体重の変化はエネルギー摂取量の過不足のもっともよい指標であり、定期的な体重測定の習慣の有無、体重の変化量、体重の減少や増加が続いているかを確認します[14]。体重の減少がある場合には、食事の量や内容の不足、消化・吸収能力の低下、疾患や薬剤によるエネルギー消費量の増加にともなう体重の減少、脱水の可能性がありますので、どの項目に該当するかを検討します。体重の増加がある場合は、ストレス、うつ病や認知症などにより過食をしていないかを確認する必要があります。疾病や薬剤による浮腫でも体重が増加することもあります。

なお、ＢＭＩは18・５~25の範囲が普通であり、18・５未満であれば、栄養状態はリスクありと判断されま

D.	食事の準備状況		
1	自分（料理担当者の（　　　　　））が，食べ物を買いに行くのに不自由を感じますか	はい	いいえ
2	自分（料理担当者の（　　　　　））が，食事の支度をするのに不自由を感じますか	はい	いいえ
E.	食事の状況		
1	食欲はありますか	はい	いいえ
2	食事をすることは楽しいですか	はい	いいえ
3	1日に1回以上は，誰かと一緒に食事をしますか	はい	いいえ
4	毎日，ほぼ決まった時間に食事や睡眠をとっていますか	はい	いいえ
F.	特別な配慮の必要性		
1	食べ物でアレルギー症状（食べると下痢や湿疹が出る）が出ますか	はい	いいえ
2	1日に5種類以上の薬を飲んでいますか	はい	いいえ
3	医師に食事療法をするように言われていますか	はい	いいえ
G.	口腔・嚥下		
1	小さくしたり刻まないと食べられない食品がありますか	はい	いいえ
2	飲み込みにくいと感じることがありますか	はい	いいえ
H.	主観的な意識		
1	自分の健康状態をどう思いますか	1（よい）　2　3　4　5（よくない）	
2	自分の健康状態を良くするために，食事の調整をできると思いますか	1（できる）2　3　4（できない）	

出所：(9)

す。体重減少率は、（平常時体重－現在の体重）／平常時体重×100で計算します。体重減少率とリスクの程度を表9に示しました。[8]体重が減少していることは、消費エネルギーに比較して摂取エネルギーが少ないために、体内のエネルギー源が消費され、体脂肪量や筋肉量が減少していることを示しています。体重減少率が5％を超えてくると、免疫能力、筋力、心肺機能、体温調節能力が低下し、うつ状態、褥瘡の有病率が増加することが報告されています。[8]

表８　栄養改善のためのアセスメント票

A.　個別相談や医師への相談の必要性			
1	この3ヶ月以内に，手術や食事療法の必要な入院をしましたか	はい	いいえ
2	呼吸器疾患，消化器疾患，糖尿病，腎臓病などの慢性的な病気はありますか	はい	いいえ
3	下痢や便秘が続いていますか	はい	いいえ
B.　体重			
1	定期的に体重を測定していますか 直近の時期に測定した身長　　cm，体重　　kg	はい	いいえ
2	この3ヶ月間に体重が減少しましたか	はい	いいえ
3	この3ヶ月間に体重が増加しましたか	はい	いいえ
C.　食事の内容			
1	１日に何回食事をしますか	回	
2	肉，魚，豆類，卵などを１日に何回，食べますか	１日に　　回 または週に　　回	
3	野菜や果物を１日にどのくらい食べますか	１日に　　皿 または週に　　皿	
4	牛乳やヨーグルト，チーズなどの乳製品，豆乳を１日に何回くらい食べますか	１日に　　回 または週に　　回	
5	水，お茶，ジュース，コーヒーなどの飲み物を１日に何杯くらい飲みますか	１日に　　杯	
6	健康のためなどで，意識して食べている食品，補助食品，サプリメントなどはありますか	はい	いいえ

食事の内容としては、１日の食事回数、主菜（肉・魚・豆類・卵などタンパク質を多く含む食品を主とした料理）や副菜（野菜を主とした料理）、牛乳・乳製品・豆乳などの摂取回数、水分の摂取量を把握します。低栄養の高齢者には、間食を増やしてもらうことは重要な選択肢になります。プリン、チーズ、ヨーグルトなどは間食となる手軽なタンパク質食品ですので、低栄養の高齢者には勧めることのできる食品です。水分の摂取不足は血栓ができやすくなるリスクになりますので、１日に最低でもコップ５杯（食事時に１杯を３回と食事間で２杯）水やお茶は飲むようにしてもらいましょう。サプリメントや健康食品、こだわって習慣的

表９　体重の減少度とリスクの大きさ

	低リスク	中リスク	高リスク
１週間			2%≦〜
1ヶ月	3%<〜	3%≦〜<5%	5%≦〜
3ヶ月	3%<〜	3%≦〜<7.5%	7.5%≦〜
6ヶ月	3%<〜	3%≦〜<10%	10%≦〜

出所：(8)

に摂取している食品が、栄養面で不適切あるいは経済的に負担になっていないかどうかも確認します。

食事の準備では、買い物や食事の準備に不自由を感じているか、特に、野菜や果物などの生鮮食料品が定期的に入手できる状況にあるかどうかを確認します。重いものを運ぶのが可能か、体力的に食事の準備が可能か、料理の経験が豊富か、食品の調理や保管が衛生的になされているかの確認も大切です。食品の配達サービスや食事の宅配サービスなどの紹介も役立ちます。

食事の状況を評価するために、食欲や食事への意欲のチェックを行います。食欲の有無、食事が楽しいか、他の人と一緒に食事をする機会があるか、一日の中での食事パターンなどを確認します。ひとりで食事することが多い高齢者に対しては、食欲の低下、食事の回数の減少、食材料の偏りなどがないかを注意します。食欲がない場合はいつ頃から食欲が低下したのか、その頃に何か身体や生活の変化があったかを確認し、原因を把握します。食事が楽しくなくなる理由には、生活習慣や生理学的な味覚の変化の他、心理的な問題や薬剤が影響している場合もあります。睡眠や食事時間が不規則であると空腹感を感じにくくなります。決まった時間に少しだけでも食べるようアドバイスします。室内だけの生活で身体活動量が低下していると食欲が低下することは避けられないので、買い物や散歩に出るなど外に出る機会をつくれるよう支援します。不安感、孤独感、疲労感、不眠、ストレスといった心理的な影響は食欲に大きな影響を与えます。高齢者が心理的な問題を抱えている場合、背景にうつ状態や認知症がある場合が少なくありませんので、医療機関を受診するよう働きかけます。

特別な配慮では、食物アレルギーのある高齢者に対しては、アレルギーを示す食品を避けながら、低栄養のリスクを低減できる食事について提案します。また、多種の服薬により、栄養素の吸収率の低下、吐き気、口の渇き、便秘、下痢などの副作用が起こっていないかを確かめます。医師による食事療法の指示がある場合は、適切な食事療法ができるかどうかを確認します。口腔・嚥下の問題では、食べるものを小さくし、飲み込みにも問題がある場合は、食物摂取が十分にできないことが示唆されます。口腔機能向上のプログラムを勧めるとともに、食べやすい食形態を検討します。

栄養改善のための栄養ケア計画では、「何を」、「いつ」、「どこで」、「つくり」、「どれだけ」食べるようにするかということを決めます。しかし、栄養ケア計画を作成しても、高齢者が食べて元気になる気がないのであれば目的は達成できません。

「行動変容」のポイントは、「成功体験」です。問題を明確にし、「自分がどうなりたいか」、「どうしたらできそうか」について考えてもらって、目標を設定し、それを達成し、「成功体験」を積み重ねていくのがこのモデルの構造です。「前向きの態度」では、楽しく食べることのプラス面を納得してもらい、自分の問題の解決に前向きになってもらうことが必要です。「自己効力感」では、「本人ができることをできる」ように組み立てるのがポイントです。

「食べる意欲のない」高齢者に食事摂取に前向きになってもらうには、「食事の摂取量を少しでも多くするよう」声かけをし、「本人が好きなものを好きなときに食べられるように」支援することが重要です。「よくかめない」高齢者には、「歯科医を受診させ、新しい義歯をつくり、口腔内の炎症を治療」してもらう必要があります。「糖尿病」がある高齢者は「血糖をコントロールすること」が目標になりますが、「糖尿病食を提供し、毎月、体重と血糖を測定し、それに基づいて栄養相談をすること」によって適切な支援ができます。「心不全」がある高齢者は「心不全が悪化しないようにすること」が目標になります。「減塩食（塩分5g）を提供し、毎日体重を測定し、体重が増加しないようにすること」によって適切な支援ができます。そして、がんばって栄養改善していることに敬意を示し、改善したことを一緒に喜ぶ「周囲からの支援」は大きな励みになると思われます。

口腔機能向上プログラム

口腔機能向上支援は、いつまでもおいしく、楽しく、安全な食生活の営みをめざすことを目的としています[9]。口腔機能とは摂食・嚥下に関する機能であり、生きていくために必要な基本的なシステムです。摂食とは食べることであり、食物を認知し摂取する行動です[8]。嚥下とは飲み込むことであり、食物が口腔内から食道を経て胃に至るまでの過程をいいます[8]。摂食・嚥下障害では、「食べにくい・食べられない食物がある・摂取時間がかかる」といった症状が現れます。いったん摂食・嚥下機能に障害が起こると、食べる楽しみが奪われ生活の質が低下し、誤嚥、肺炎、窒息の危険が起こってきます。明らかな咳やむせ等の症状がなく、何度も発熱を繰り返す場合は不顕性誤嚥を起こしていると考えられます。そして、摂食・嚥下機能の障害は脱水、低栄養、免疫低下といった生命を脅かす問題を引き起こしてきます。一方、口腔機能の改善は、気道保護および栄

表 10　口腔・摂食・嚥下機能に関する調査票

1	固いものが食べにくいですか	1：はい　2：いいえ
2	お茶や汁物等でむせることがありますか	1：はい　2：いいえ
3	口が渇きやすいですか	1：はい　2：いいえ
4	薬が飲み込みにくくなりましたか	1：はい　2：いいえ
5	話すときに舌がひっかかりますか	1：はい　2：いいえ
6	口臭が気になりますか	1：はい　2：いいえ
7	食事にかかる時間は長くなりましたか	1：はい　2：いいえ
8	薄味がわかりにくくなりましたか	1：はい　2：いいえ
9	食べこぼしがありますか	1：はい　2：いいえ
10	食後に口の中に食べ物が残りやすいですか	1：はい　2：いいえ
11	自分の歯または入れ歯で左右の奥歯をしっかりとかみしめられますか	1a：どちらもできない 1b：片方だけできる 2：両方できる

出所：(9)

養改善、免疫能力の向上につながり、誤嚥、肺炎、窒息、脱水、低栄養、免疫低下の予防をすることができます。

「口腔機能向上プログラム」の対象者には、表10のような口腔・摂食・嚥下機能に関する調査票に記入してもらいます[9]。これによって高齢者は自分の摂食・嚥下機能の問題点を具体的に把握することができます。まず表2の基本チェックリストにある「かみにくさ」、「むせ」、「口の渇き」についての確認をします。口が渇くと口腔内に常在する細菌の種類が変わるため、肺炎や上気道感染のリスクが高くなります。2番目が咬筋の触診です。かみしめたときに、頬骨から下顎に向かって走る筋（咬筋）の触知具合により、咬合力を評価します。3番目に歯や義歯の汚れと口腔の清掃状態を評価します。4番目に舌の汚れを評価します。舌苔が認められれば、舌の運動機能についても推測できます。5番目にはうがいをしてもらい

表11　嚥下しにくい食品形態と食品

食品形態	食品
表面に水分が少ないもの	焼き芋，ゆで卵，カステラ，ウエハース，食パン，ゆで卵，もりそば，凍り豆腐
酸味が強くむせやすいもの	酢の物，梅干，柑橘類
硬くて食べにくいもの	もち，肉，干物，いか，りんご
液体であるもの	水，ジュース，みそ汁，お茶
繊維が多いもの	たけのこ，もやし，海藻，こんにゃく，アスパラ，レンコン
口腔に付着するもの	わかめ，のり，青菜
喉に詰まりやすい豆類	ピーナッツ，ごま，大豆

出所：(8)

ます。うがいによって、口唇、舌、頬などの巧緻性と協調性を評価することができます。6番目に、反復唾液嚥下テストをやってもらいます。30秒間に空嚥下が何回できるかを観察します。2回以下の場合は、嚥下機能が低下していることの目安になります。7番目が咀嚼機能の巧緻性の機能評価を行います。10秒間に何回、「パ（口唇の機能を評価）」、「タ（舌の中央部分の機能評価）」、「カ（舌根部や咽頭機能の評価）」が言えるかの測定も同様に行い、主に咀嚼機能の巧緻性について評価します。

摂食・嚥下障害のある高齢者の誤嚥・窒息を予防するためには、まず、表11に示すような高齢者が嚥下しにくい食品形態と食品を知ることです。嚥下しにくい食品形態は、表面に水分が少ないもの、酸味が強くむせやすいもの、硬くて食べにくいもの、液体であるもの、繊維が多いもの、口腔に付着するもの、喉に詰まりやすい豆類に分類できます[8]。そして、誤嚥しやすい高齢者には水分にとろみをつけたり、ソフト食を利用する必要があります。

次に高齢者には、嚥下体操を行ってもらいます。嚥下体操は、食事摂取前にしっかりと覚醒し、心身の緊張緩和とリラク

表 12　嚥下体操のプロセス

項　目	方　法
深呼吸	息を吸うときおなかを大きくし，口からゆっくり吐く
首ストレッチ	首を左右，上下にゆっくり動かす
肩ストレッチ	肩をゆっくり上下に動かし，回す
口の運動	「あ」「い」「う」とゆっくり発音する
舌の運動	下を前後，左右，上下に動かす
頬の運動	頬をふくらませて，すぼめる
発声	パ，タ，カ，ラなどの音を一息で５回ずつ連続して発声する
深呼吸	息を吸うときおなかを大きくし，口からゆっくり吐く

出所：(8) を著者改変

ゼーションを図り、摂食・嚥下筋肉群がスムーズに働くための準備運動となります。(8) 表12のように、嚥下体操は深呼吸、首ストレッチ、肩ストレッチ、口の運動、舌の運動、頬の運動、発声、深呼吸で構成されます。

そして、誤嚥しやすいものを疲れずに、安全に摂取できるような摂食体位をとる必要があります。まず、テーブルやいすの高さが各々にあったものを使用します。いすは、背もたれがあり、座ったときに両足の踵が床につき、ちょうど机のあたりにへそが来る位置になるようなものが適切です。頸部が伸展すると咽頭と気管が直線になり、気管が開いて誤嚥しやすくなるため、頸部が軽く前屈する姿勢になるように気をつけます。車いすやベッドで食事をする高齢者には頸部の後ろにクッションを置くことによって、頸部が伸展せず、軽く前屈する姿勢をつくることができます。

食後には、うがい、ガーゼ、歯ブラシ、スポンジブラシ、歯間ブラシを用いて、口腔ケアを行います。口腔ケアを行うことは、食事を楽しく摂取すること、誤嚥性肺炎の予防につながり、嚥下機能のリハビリテーションをすることにもなります。また歯ブラシや義歯ブラシを用いて義歯を清掃します。そして、食間には、咀嚼訓練、嚥下訓練をしてもらいます。咀嚼訓練は、咀嚼用のガムを数十回かんでもらえばいいでしょう。嚥下訓練は喉頭の動きを引き出すためのもので、空嚥下（つばをためて飲み込む）の練習を行います。咽頭に残留した食べ物や気管に誤嚥した後の痰を出すのを促すために、空咳の練習も行います。

口腔予防の必要な高齢者は、いつまでも安全においしく食べることに前向きになってもらって、食事の前には嚥下体操、食後には口腔ケアを行い、食間には、咀嚼訓練、嚥下訓練をしてもらいましょう。訓練を行う場合には、スタッフがリーダーとなって、音楽を用いて声かけをしながら全員で行うことはよい支援となります。

閉じこもり予防支援

閉じこもり症候群とは、家の中に閉じこもってしまい、外に出なくなってしまうことです。「30分以上の外出の頻度が週1回以下」で、「家の中から出られる状態であるにもかかわらず、家から外に出ない状況」であり、かつ「社会的な関係性が失われている状態」と定義されます[9]。そのような状況が長く続くと、心身の活動性が低下し、廃用症候群を発症してくると考えられます。

閉じこもり予防は、外出頻度自体を増加させることだけが目的ではありません。社会における役割を担ってもらうことで、生活全般を活性化させることが本来の目的です。閉じこもり症候群をもたらす要因には、身体的、心理的、社会・環境要因があると考えられています。身体的な要因としては、老化による体力低下、脳卒中、転倒・骨折などの疾病や障害があります。心理的な要因としては、活動意欲の低下、認知症の傾向、うつ傾向などがあります。社会・環境要因としては、家族の態度・接し方、友人仲間、家屋構造、住環境、気候風土などの物理的環境が影響を与えます。

表２の基本チェックリストによって、二次予防事業の対象者となった高齢者は、通所系の介護予防事業メニューへ参加勧奨することになります。呼び出し、勧誘に応じない対象者については、地域包括支援センターから保健師等による訪問をしてもらうことができます。「閉じこもり予防・支援のための二次アセスメント票」（表13）を用いて事前アセスメントを実施します。事前アセスメントでは、対象者の身体的、心理的特徴や、家族の意識・考え方、屋内外の物理的環境を的確に把握し、閉じこもりの要因や問題点について評価し、出かけることに関し、どういった障害があるかを確認します。

事前アセスメントの結果や利用者の意向を踏まえて、課題や目標、プログラムの実施期間、実施回数、評価等を設定し、個別サービス計画を作成することになります。「身体的な要因」が障害になっている場合は、医療や介護サービスを利用したリハビリテーションを勧め、補助具の使用も検討します。「心理的な要因」が障害になっている場合は、心理的な評価や医療機関への受診が必要でないか検討します。「社会要因」が障害になっている場合は、訪問、電話、友達に誘ってもらうことが重要です。「環境要因」に関しては、家屋をバリアフリーにするなど、安心して外出できるように環境を整えることです。

外出に前向きになってもらうためには、まず、「孫に会いに行きたい」、「地域の集まりに参加したい」といった内発的な動機づけが必要です。そして、実行可能なプログラムを検討することになります。「高齢者健康コミュニティ」では、行っている予防プログラムに参加が可能かどうかを検討します。温泉の利用可能な地域では、温泉を利用したプログラムは人気があることが知られています。その他、「カラオケ」、「グランドゴ

表 13　閉じこもり予防・支援のための二次アセスメント票

〈外出頻度〉	
1：週に 1 回以上　2：月に 1 回以上　3：月に 1 回未満 どのようなことがあったら，外出しますか （催し物，行事，サービス，集まり，など）	
〈手段的自立〉	
1　バスや電車を使って一人で外出できますか	1：はい　0：いいえ
2　日用品の買い物ができますか	1：はい　0：いいえ
3　自分の食事の用意ができますか	1：はい　0：いいえ
4　請求書の支払いができますか	1：はい　0：いいえ
5　銀行預金，郵便貯金の出し入れができますか	1：はい　0：いいえ
〈知的能動性〉	
6　年金などの書類が書けますか	1：はい　0：いいえ
7　新聞を読んでいますか	1：はい　0：いいえ
8　本や雑誌を読んでいますか	1：はい　0：いいえ
9　健康についての記事や番組に関心がありますか	1：はい　0：いいえ
〈社会的役割〉	
10　友達の家を訪ねることがありますか	1：はい　0：いいえ
11　家族や友達の相談にのることがありますか	1：はい　0：いいえ
12　病人を見舞うことができますか	1：はい　0：いいえ
13　若い人に自分から話しかけることがありますか	1：はい　0：いいえ
〈生活体力指数〉	
14　歩行や外出に不自由を感じますか 理由（疾病，痛み，尿漏れ，目，耳，家の周囲，等）	0：はい　1：いいえ
15　いすから立ち上がるとき，手の支えなしで立ち上がりますか	1：はい　0：いいえ
16　最近，つまずきやすいですか（易転倒性）	0：はい　1：いいえ
〈日中，主に過ごす場所〉	
A：自宅の外　B：敷地内　C：自宅内　D：自分の部屋	
〈日中，主な過ごし方〉	
A：自宅外の仕事（役割）　B：家の仕事（役割）　C：趣味 D：主にテレビ等　E：特になし	

閉じこもりの要因の合計点

Ⅰ　手段的自立・体力低下（1～5，14～16）8 点満点

Ⅱ　知的能動性・社会的役割低下（6～13）8 点満点

出所：(9)

ルフ」、「外食」など本人が関心のありそうなことに関して提案していきます。閉じこもりがちの高齢者は、一人で外出する自信がない場合が多いために、自己効力感を改善する必要もあります。高齢者に対して閉じこもっている現状を批判するのではなく、少しでも高齢者が努力していることを探して自己効力感や有用感を高め、ひいては閉じこもりというライフスタイルの生活習慣の改善を目標とする必要があります。本人に外出したい場所を見つけてもらって、家族や友人が一緒に外出すると自信が出てきます。うまくいった場合には徐々に外出の頻度を増やし、最終的には週1回以上外出することを目標とします。事後アセスメントでは、「Ⅰ　手段的自立・体力低下」、「Ⅱ　知的能動性・社会的役割低下」の点数の改善がみられるか、「日中、主に過ごす場所」、「日中、主な過ごし方」で、１段階でもAの方向に変化した場合には、改善と評価してよいと思われます。

高齢者のこころの支援

高齢者の睡眠障害の支援

睡眠は心身の休息にとってもっとも重要なものです。ぐっすり眠ることができると、心身の調子がよくなり、仕事もはかどります。一方、眠れない日が続くと、頭がぼんやりとして、感情が不安定になったり、集中力がなくなったりすることもあります。高齢者の睡眠障害は、生活習慣の悪化、集中力や記憶力の低下、抑うつ気分や不安といった状態を引き起こすこともあります。睡眠覚醒リズムは、光などの外的な要因と体内の内

表14　不眠の分類

分　類	内　　　　　容
身体的	疼痛，頻尿，痒み，咳，呼吸困難など
生理学的	生活習慣による不眠，環境変化など
薬理学的	薬物や酒などの嗜好品による副作用ないしは離脱など
心理学的	ストレス，緊張など
精神学的	うつ病など

出所：(15)

的なリズムによって同期されていますが、加齢にともない外的な要因に対しても同期しにくくなる変化が生じます[15]。また、高齢者では、社会的活動、運動といったことが少なくなりがちであり、疲労を感じることが少なくなるために睡眠障害が起こりやすくなる傾向があります[16]。睡眠障害には、入眠するのに時間がかかる入眠障害、床についていても実際に眠っている時間の割合が低い熟睡困難、睡眠の途中で目覚める頻度が高い中途覚醒、起床時間が早い早朝覚醒などに分類できますが、これだけでは原因を特定することはできません。

睡眠障害は原因を明確にして対応することが重要です。不眠の原因は5つのPとしてまとめられることが多いようです[15]。5つのPとは、表14のようにphysical（身体的）、physiological（生理学的）、pharmacological（薬理学的）、psychological（心理学的）、psychiatric（精神学的）を指します。

身体的な睡眠障害では、高齢者に起こりやすい疾患である疼痛をともなう関節炎や悪性腫瘍、呼吸器疾患、泌尿器疾患、皮膚疾患が関連します。痛みや咳、頻尿、痒みなどのため眠ることができない場合、これらの症状の治療が不眠の治療に結びつきます[15]。

生理学的な要因による睡眠への影響は、生活習慣や環境と関係しています[16]。就床前4時間のカフェイン摂取、就床前1時間以内の喫煙は避け、ぬるめのお湯で入浴するなどリラックスして、眠たくなってから床につくのが大事です。早起きが早寝に通じるので、朝決まった時間に起きるのが肝要です。朝食はこころと体の目覚めに重要ですので、抜かないようにします。光は睡眠に影響を与えますので、目が覚めたら日光を取り入れ、夜は明るすぎない照明をこころがけます。運動習慣は熟睡を促進しますので、規則的な運動習慣をこころがけます。昼寝をすると夜眠れなくなる場合は、昼寝をしないようにします。

薬理学的な要因との関連では、精神刺激作用のある薬剤を遅い時間に服用することによって眠れなくなる場合や鎮静作用のある薬剤を早い時間に服用したために昼間に寝るようになり、夜眠れなくなる場合があげられます。このような場合は適切な薬剤の服用をすることが勧められます。また、睡眠障害を起こす可能性のある薬剤を内服している場合、内服薬を検討します。睡眠薬代わりの寝酒は、深い睡眠を減らし、夜中に目覚める原因となります。

心理学的な要因であるストレス、緊張などによる不眠は、気晴らしや好きなことをすること、あるいは問題を楽観的に考えてひとまず対応することが原則です。それでもうまくいかないときは、薬物による治療を考えます。

精神学的な要因では、うつ病がもっとも重要です。うつ病の患者には、抑うつ気分、体重減少、食欲不振、頭痛などの身体症状がみられます。うつ病の患者には、うつ病の治療が必要です。

その他、睡眠関連疾患で睡眠障害になることもあります。睡眠関連疾患には、「睡眠中の周期性四肢運動」や「むずむず脚症候群」、「レム睡眠行動異常症」、「睡眠時無呼吸症候群」などがあげられます[15]。「睡眠中の周期性四肢運動」は、夜中にほぼ20～40秒間隔で反復する下肢の不随意運動が起こり、覚醒が引き起こされるものです。「むずむず脚症候群」は、下肢に虫が這うようなむずむずした感覚やちくちくするような感覚といった、異常感覚を特徴とする疾患で、この症状のため睡眠が妨げられます。「レム睡眠行動異常症」は、レム睡眠という夢見が起こる深い眠りの状態の際に、夢体験の内容に関連する行動がみられる疾患です。レム睡眠中に筋肉の活動が起こるために目が覚めてしまうものです。「睡眠時無呼吸症候群」とは、睡眠時に呼吸停止または低呼吸になる病気です。睡眠時無呼吸症候群に特有のいびきは、通常の一定リズムではなく、しばらく無音の後、著しく大きく音を発するという傾向・特徴をもっています。このような特異な睡眠関連疾患が疑われる場合は、医療機関の受診が必要です。

どうしても眠れない場合は睡眠薬を使うことも検討します。睡眠薬は医師の指示で正しく使えば安全です。現在、主に使用されている睡眠薬は、作用時間から超短時間作用型、短時間作用型、中間作用型、長時間作用型に分かれます[16]。寝つきが悪いという不眠のタイプには超短時間型や短時間型の睡眠薬が有効であり、これらの薬剤は翌朝に作用が残っているということが起こりにくい利点があります。夜間に目が覚めて、その後眠りにくい、早朝に目が覚めるという不眠のタイプには中間作用型や長時間作用型の睡眠薬が有効です。ただ、高齢者では睡眠薬が効きすぎて翌朝まで効果が持続する場合や、ふらついて転倒が起こりやすくなるために、薬物治療には注意が必要です。

認知症と支援

■認知症とは

高齢社会の進展により認知症高齢者の増加が予測され、その予防が喫緊の課題となっています。地域高齢者の認知症の有病率は、調査によって3・0%から8・8%とばらつきがありますが[17]、年齢が75歳を超えると急

表 15　DSM-Ⅳ-TR 精神障害の診断統計マニュアルによる認知症の診断基準

A　以下の２項目からなる認知障害が認められること 　1　記憶障害（新しい情報を学習したり，かつて学習した情報を想起したりする能力の障害） 　2　以下のうち１つあるいは複数の認知障害が認められること 　(a)　失語（言語障害） 　(b)　失行（運動機能は損なわれていないにもかかわらず，動作を遂行することができない） 　(c)　失認（感覚機能は損なわれていないにもかかわらず，対象を認識あるいは同定することができない） 　(d)　実行機能（計画を立てる，組織だてる，順序だてる，抽象化する）の障害
B　上記の A1，A2 の記憶障害，認知障害により社会生活上あるいは職業上明らかに支障をきたしており，以前の水準から著しく低下していること
C　上記の記憶障害，認知障害はせん妄の経過中のみに起こるものではないこと

出所：(21)

激に有病率が高まり、年齢が高くなれば有病率も高くなります[18]。認知症には複数の原因がありますが、アルツハイマー型がもっとも多く、約60％の割合を占めると考えられています[19]。一般的にアルツハイマー型はゆっくりと進行し、障害は全体的に認められます。多弁・多幸・多動や感情の表出が乏しくなるなどの症状が認められ、人格が障害されてきます。次が血管性の認知症で約15％の割合を占めます[20]。血管性の認知症の場合は急激に進行する場合がありますが、障害は不均一でいわゆる「まだら」といった症状が認められ、人格は比較的保たれることが多いとされています[8]。この他、「前頭側頭型認知症」のように人格的変化、注意や意欲の障害、判断の障害、抽象的思考の障害や段取りの悪さなどの実行機能の障害が目立つタイプや「レビー小体型認知症」のように記憶機能は比較的保たれていますが言語機能や視空間認知機能などが徐々に低下していくタイプの認知症もあります[20]。

認知症とは「いったん正常に発達した知的機能が、

表 16　認知症の周辺症状

症　状	内　　　　　　容
妄想	非合理的かつ訂正不能な思いこみのこと
幻覚	ないものを実際にあるように知覚すること
不安	心配したり，恐れを感じること
焦燥	焦りやいらだちを感じること
せん妄	意識障害に加えて幻覚や錯覚がみられるような状態
睡眠障害	入眠，睡眠に異常のある状態
多弁	言葉数の多いこと
多動	落ち着きなく動き回ること
依存	他人や物に強く頼ること
異食	食べ物でないものを口にすること
過食	必要以上に食べること
徘徊	あてもなく歩きまわること
不潔	不衛生で汚いこと
暴言	他人を傷つける意図で言い放つ乱暴な言葉

出所：(20)

後天的な脳器質障害により持続的に低下し、日常生活や社会生活が営めなくなっている状態」と定義されます[20]。アメリカ精神医学会の「精神障害診断基準第4版（DSM-Ⅳ）」定義を表15に示しました[21][22]。記憶障害があることが必須条件です。そして、失語、失行、失認、実行機能の障害の1項目以上が該当し、社会生活上あるいは職業上明らかに支障をきたしており、以前の水準から著しく低下していること、これらの症状はせん妄の経過中のみに起こるものではないことと定義されています。なお、せん妄とは、軽度や中等度の意識障害の際に、幻覚・錯覚や異常な行動を呈する状態です。

認知症の症状として抽象思考（具体的なものを概念的に把握）の障害、判断の障害、失行、失認、失語、実行機能障害などの認知障害は認知症の本質的な症状であり、中核症状と呼ばれています[20]。表16に示すように必ずしも認知障害そのものの症状とはいえない行動的な障害を周辺症状と呼んでいます[20]。また、ＢＰＳＤ（Behavioral and psychological symptoms of dementia 認知症の行動・心理症状）という言葉[22]がありますが、これは上記の周辺症状に多くが含まれるものです。ＢＰＳＤの行動症状としては暴力、徘徊などが、心理症状としては不安、うつ症状、幻覚、妄想などが主な症状としてあげられますが、認知症高齢者のケアではこれらの症状への対応が重要です。

■認知症の予防

認知症のアルツハイマー病では症状が出現する十数年前から脳内ではタンパク質の異常な蓄積が始まっているために、明らかな認知症を発症した時点では予防対策は困難です。そこで認知症の予防を行うためには、その前段階とされる「軽度認知機能障害」（Mild Cognitive Impairment：MCI）の時期に予防対策を行うことがもっとも効果的であるとされています[9]。軽度認知機能障害の時期には、エピソード記憶、注意分割力、計画力を含めた思考力の低下が起こりがちであることが明らかになっています。エピソード記憶とは、事象の記憶であり、時間や場所、そのときの感情が含まれます。エピソード記憶が弱くなると、最近したことを思い出すことが困難になってきます。注意分割力とは、複数のことを同時に行うときに適切に注意を配る機能です。注意分割力が弱くなると、料理をつくるときに一度に何品か同時進行でつくることや、相手の表情や気持ちに注意を向けながら話すことが困難になります。計画力とは、段取りを考えて実行する能力です。計画力が衰えると仕事の組み立てや旅行の計画ができなくなってきます。

認知症の予防に関連する要因としては、有酸素運動の量や強度が認知症の発症リスクの低減と関係していることもいくつかの研究が示していますが[23][24]、文章を読む、知的なゲームをするなどの知的な生活習慣や対人的

表 17　長谷川式簡易知能評価スケール（HDS-R）

質　問　内　容	配　点
1　お歳はいくつですか？（2 年までの誤差は正解）	0　　1
2　今日は何年の何月何日ですか？　何曜日ですか？　年 （年月日，曜日が正解でそれぞれ 1 点ずつ）　月 日 曜日	0　　1 0　　1 0　　1 0　　1
3　私たちが今いるところはどこですか？ 自発的に出れば 2 点，5 秒おいて，家ですか？　病院ですか？　施設ですか？ の中から正しい選択をすれば 1 点	0　1　2
4　これから言う 3 つの言葉を言ってみて下さい。あとでまた聞きますのでよく覚えておいて下さい。 （以下の系列のいずれか 1 つで，採用した系列に○印をつけておく） 1：a）桜　b）猫　c）電車　　2：a）梅　b）犬　c）自動車	0　　1 0　　1 0　　1
5　100 から 7 を順番に引いてください。 100-7 は？　それからまた 7 を引くと？　と質問する。　93 最初の答えが不正解の場合，打ち切る。　86	0　　1 0　　1
6　私がこれから言う数字を逆から言ってください。 （6-8-2，3-5-2-9）　2-8-6 （3 桁逆唱に失敗したら打ち切る）　9-2-5-3	0　　1 0　　1
7　先ほど覚えてもらった言葉をもう一度言ってみてください。 自発的回答があれば各 2 点，もし回答がない場合，　a） 以下のヒントを与え正解であれば 1 点　b） a）植物　b）動物　c）乗り物　c）	0　1　2 0　1　2 0　1　2
8　これから 5 つの品物を見せます。それを隠しますので何があったか言ってください。 （時計，鍵，タバコ，ペン，硬貨など必ず相互に無関係なもの）	0　1　2 3　4　5
9　知っている野菜の名前をできるだけ多く言ってください。 答えた野菜の名前を右欄に記入する。途中で詰まり，約 10 秒待ってもでない場合にはそこで打ち切る。 5 個までは 0 点，6 個＝ 1 点，7 個＝ 2 点，8 個＝ 3 点， 9 個＝ 4 点，10 個＝ 5 点	0　1　2 3　4　5
合計得点	

出所：（17）

な接触頻度の多い者では認知症の発症リスクが下がっていることも明らかになってきています。[25][26] したがって、認知症の予防事業では、ウォーキング、水泳、体操、器具を使わない筋力トレーニング、園芸、料理、パソコン、囲碁、将棋、麻雀などの支援が行われます。ウォーキング、水泳、体操、器具を使わない筋力トレーニングは有酸素運動ですし、園芸、料理などでは、新しい作物やレシピに挑戦することによって認知機能を保つことができます。パソコン、囲碁、将棋、麻雀なども作業を組み立てることが要求されるので、実行機能が維持されやすくなります。

認知症の予防事業の特定高齢者は、表２の基本チェックリストの18～20のいずれかに該当する者あるいは市町村の判断で認知機能低下のリスクがあると判断された人となっています。[17] また、表17の長谷川式簡易知能評価スケール（ＨＤＳ-Ｒ）を用いて層別化をして、介入を行うことも可能です。27点以上が「軽度介入群」、20～26点が「強度介入群」、19点以下が「医療紹介群」となり、「軽度介入群」と「強度介入群」が認知症予防プログラムの対象となり、「医療紹介群」は「物忘れ外来」などの受診勧奨となります。[17]

認知症予防事業では、週に１回３ヶ月間のウォーキング、ゲーム要素のある運動、参加者同士の協力による運動プログラムの実施を行います。介入は運動習慣化をめざしたものですので、継続できるよう支援します。「高齢者健康コミュニティ」では、運動器の機能向上のプログラムと同様、「前向きの態度」、「自己効力感」をともなう目標設定、スタッフによる「周囲からの支援」を行います。

■認知症高齢者の支援

治療の原則としては残っている機能をできるだけ長く維持するために、脳機能を使用し続けることがもっとも重要です。認知症の人でも長期記憶は比較的損なわれません。そのため過去の自分を想起して整理しまとめていく回想法による支援が可能であり、音楽や写真やなじみの深いものを回想するための補助手段として用いる試みが行われてきています[8]。また認知症の人の人生を豊かにするものとして音楽、ダンス、劇、絵画などの芸術療法も利用されています[8]。さらに、マッサージやアロマテラピーなど、五感に対する刺激を提供する方法も開発されてきています[8]。

患者の感情面への援助も重要になっています。認知症の高齢者には不安を与えないことが重要です。勘違いや曲解に対しては生命の危険や害がないかぎりは否定せずそのまま受け入れて本人に同調することが安心感や信頼感をもたらします。また、新しい環境への適応が困難となっており、不安が強くなるため住居の移動は避けることが必要です。高齢者は、視力・聴力・体力・運動機能の低下などが起こっていますので、ゆっくり、わかりやすいコミュニケーションをこころがけ、せかさない対応が求められます。また、認知症の高齢者も自尊心は重要ですので、失禁や問題行動などを叱責・蔑視しないで、敬語を用いて相手の自尊心を尊重する態度をこころがけます。

表18に認知症患者にみられる言動と対応の方法を示しました。認知症の高齢者には、まずは相手の困っているこころの状態を受けとめ、楽観的にエンパワメントを行うことが必要です。まずは、物事をできるだけ前向きにとらえるための「前向きの態度」、なんとかなると思ってもらう「自己効力感」の強化、周りの人から助けてもらえると思ってもらえる「周囲からの支援」が必要です。

認知症の高齢者には、現在の年月日、曜日、時刻や、自分がどこにいるのかといった基本的な状況を把握することができなくなる「見当識障害」と、すぐ前にしたことを忘れる「記憶障害」は必ず存在します。そのた

表 18　認知症の高齢者に認められる言動と対応の方法

言　　動	対　応　方　法
何度も同じことを聞かれる	何度でも繰り返し同じ答えをする
何度も食事を要求される	食事の時間を伝えて，アメなどを食べてもらう
物盗られ妄想	困っていることに同情していることを伝えて，一緒に探してあげる
夜間徘徊・夜間せん妄	昼間に疲れるくらい運動をしてもらう
帰宅願望	「帰りましょう」と言って一緒に外出して，落ち着いたら帰る
弄便	おむつを外して，トレパンを履いてもらう
異食・物集め・呼び出し	話しかけをして一緒にいる時間を増やす
暴言・暴力	身体的な不調がないか，介護者に不満がないか検討する

め、何度も同じことを聞かれたり、何度も食事を要求したりします。本人は故意にしているわけではないので、非難されると怒ることがあります。何度も同じことを聞かれる場合は、何度でも繰り返し同じ答えをする対応が必要ですし、食事を要求された場合は、「はい、用意していますからね」などと答え、食事の時間を伝えて、それまではアメなどを舐めてもらうことなどで対応します。

認知症の高齢者には、現金や財布、預金通帳などを盗られたという「物盗られ妄想」もしばしば認められます。これは本人が大切な物をどこかにしまい込んだにもかかわらず、しまったこと自体を忘れてしまうという「物忘れ」と誰かが盗んだのではないかと考える「被害感」によって起こってきます。介護者は身に覚えのない疑いをかけられるために、非難したり、怒ったりすることが多く、そのために信頼関係が壊れてしまうこともあるようです。認知症の高齢者は何が起こったかについては忘れることが多いのですが、悪感情だけは残ってしまうからです。このような場合は、「大切な物を失くして大変だ」と思っている本人の気持ちに共感したうえで対応することが肝要です。本人に「財布がなくなって大変ですね。一生懸命に探したんですね」と肯定し、「財布がどこにあるか知りませんが、気をつけておきますね」と言って支援することで落ち着きを取り戻すことがあります。「物盗られ妄想」が起こるときは、環境が変わったり、介護者が変わったりして、本人がその変化に適応できていない可能性もあります。周りの人が高齢者の不安定な心理状態の原因に気づき、その対応をすることも重要です。

認知症の高齢者によく認められる行動に「夜間徘徊」や「夜間せん妄」があります。「夜間徘徊」とは、夜に目が覚めて外に出かけてみるものの認知機能が低下しているために帰れなくなってしまうことです。「夜間せん妄」とは夜に意識が混濁して幻覚や錯覚が認められる状態のことで、大声で騒いだり、人を呼んだりすることがあります。このような「夜間徘徊」や「夜間せん妄」は「昼夜逆転」が原因となっています。昼に寝てしまっているので、夜に目が覚めるのです。昼に「デイサービス」に行ってもらって運動をしたりすると昼夜逆転がなくなります。また、「ショートステイ」を利用して、昼間は「デイサービス」を利用する方法もあります。このような支援を行う場合は本人の納得を得ることが必要です。「よい眠り」を得るために、「デイサービス」に行くことに「前向き」になり、運動をして夜眠ることに「自信」をもってもらって、夜によく眠れるようになることを「周りが喜ぶ」といったシナリオづくりが必要とされます。

施設に入所している人が、「家に帰る」ということがあります。これを、「帰宅願望」といいます。「帰宅願望」は、現実を正しく認識できていないことから生じていることが多いようです。帰宅しようとしている高齢者を言葉で制止し、物理的に拘束しても、高齢者を悲しませるだけです。「家に帰る」と言って出て行こうとする場合は、スタッフが同行し、歩いているうちに落ち着いてきて、スタッフと一緒に施設に帰ってくることができる場合も多くあるようです。

認知症の人は、便をいじって壁や床にこすりつける「弄便」をする場合があります。また、おむつを外して身体や寝具を汚してしまうこともあります。これは、おむつに排便することによる不快感から来ると考えられています。要介護度が高い場合も、トレパンを履いてもらって、排便したいときを教えてもらったり、定期的にトイレやポータブルトイレの上に乗ってもらったりすることで解消できると考えられます。

「異食」とは食べられないもの（ゴミやタバコや糞便など身近にあるもの）を食べてしまうことです。このような事象がみられる場合は、危険なものは遠ざけ、冷蔵庫内の食品にも注意します。また、ゴミ、空き缶などを集める「物集め」をしたり、用もないのに介護者を呼ぶという「呼び出し」などの行為をする高齢者もいます。これらの行為も制止したり、叱責しても症状が悪化してしまう場合がほとんどです。これらの言動には本人の孤独感かあるいは抑圧によるストレスの影響が考えられます。高齢者がひとりでいる時間が長いのではないかと思われるときは、他の高齢者や介護者ができるだけ一緒にいる時間を長くすることを試みる対応が求められます。

「暴言」や「暴力」も認知症の高齢者には時々認められます。「暴言」や「暴力」行為を行う場合は、本人がいらいらして不穏な状態にあります。その原因として身体の不調や介護者に対する不適応が関係していることがあります。脱水、発熱、便秘などの身体の問題がある場合には、それに対応することが重要です。また、介護者が自分を丁寧に扱っていないと感じると不穏な状況になることもあります。介護者が高齢者に、「命令的」、「抑圧的」なコミュニケーションをしていないかの確認も必要です。

うつ病と支援

■うつ病とは

うつ病は頻度が高く、有病率は成人人口の6・7%に及ぶといわれています[27]。これまでの疫学的研究から、うつ病には、さまざまな身体的・精神的な健康要因、社会的要因が関連しており、うつ病はそれ自体が高齢者のさまざまな健康問題に影響を及ぼすことも明らかにされています[27]。うつ病は2型糖尿病の発症を約2倍前後高め、糖尿病患者の死亡率も高めます[27]。うつ病は、動脈硬化をすすめ、血液凝集能を高めます。うつ病により、冠動脈虚血性疾患の発症は1・2～3・9倍に高まり、心筋梗塞発症後1年間の心血管死、心筋梗塞再発などの心血管イベントのリスクは、抑うつ症状がある患者では1・4倍となります[27]。うつ病は脳梗塞のリスクも高めます。また、乳がん患者では、うつ病の合併により、がん死亡率が3・6倍となります[27]。うつ病になると身体の病気に関する服薬や生活習慣の改善を遵守することが困難になります。食欲低下のために栄養障害が生じ、免疫機能が低下するために感染症、心疾患、脳卒中が起こりやすくなります。そして、自殺の頻度も高まります[27]。

表19に年齢階級別自殺統計の結果、表20に年齢階級別自殺理由を示しました。人口10万人あたりの死亡率は60～69歳では26・8、70～79歳では26・5、80歳以上では26・3と高く、一定しています[28]。自殺の動機は、60～69歳では健康問題、経済・生活問題、家庭問題の順で、70～79歳と80歳以上では、健康問題、家庭問題、経済・生活問題で、いずれの年代でも健康問題がもっとも重要な動機となっています[28]。これらの高齢者の多くはうつ状態にあったと考えられ、問題は高齢者のうつ病のことが一般の人々によく「知られていない」こと、

表19　年齢階級別自殺統計

	自殺者数	自殺率（人口10万人あたり）
総　数	27,589	21.7
20歳未満	584	2.6
20～29歳	2,974	22.5
30～39歳	3,738	22.0
40～49歳	4,579	25.7
50～59歳	4,606	29.7
60～69歳	4,936	26.8
70～79歳	3,637	26.5
80歳以上	2,405	26.3

出所：（28）より著者作成

表20　年齢階級別自殺理由

	健康問題	経済・生活問題	家庭問題	勤務問題	男女問題	学校問題	その他
総　数	66.3%	25.2%	19.8%	12.0%	5.0%	2.0%	7.4%
20歳未満	29.8%	4.3%	20.2%	6.9%	11.7%	42.6%	13.8%
20～29歳	47.0%	20.1%	14.4%	22.7%	14.4%	10.0%	10.0%
30～39歳	56.7%	23.5%	21.5%	20.8%	11.3%	0.2%	7.3%
40～49歳	56.8%	36.2%	21.3%	18.5%	5.8%	0.1%	6.0%
50～59歳	60.0%	40.3%	20.7%	14.5%	2.5%	0.0%	6.0%
60～69歳	76.0%	27.8%	18.7%	4.6%	0.9%	0.0%	6.4%
70～79歳	89.0%	11.5%	20.7%	1.0%	0.4%	0.0%	7.3%
80歳以上	91.1%	3.8%	19.6%	0.3%	0.2%	0.0%	10.6%

出所：（28）より著者作成

表21　WHOによるうつ病診断基準

○大項目
・抑うつ気分（気分の落ち込み）
・興味と喜びの喪失
・易疲労感の増大と活動性の減少
○小項目
・集中力と注意力の減退
・自己評価と自信のなさ
・罪責感と無価値感
・将来に対する希望のない悲観的な見方
・自傷あるいは自殺の観念や行為
・睡眠障害
・食欲不振

うつ病の重症度の評価：重症度の判定
軽症：　大項目の２つ以上，小項目の２つ以上
中等症：大項目の２つ以上，小項目の３つ以上
重症：　大項目の３つ，小項目の４つ以上

出所：(29)

そのために「発見されない」こと、そしてそのために「ケアされない」ことが関係していると思われます。

ＷＨＯによるうつ病の国際診断は、表21のように3つの大項目基準と7つの小項目基準からなっており、この組み合わせにより、重症度が決定されています(29)。

うつ病を症状で整理すると気分、思考、意欲・行為、身体症状からなります。気分の症状は、気分の落ち込み、晴れない嫌な気分や、空虚感・悲しさなどです。気分の症状は日内変動があることが多く、症状は朝が重く、夜が軽い傾向にあります。うつ病における思考の症状は、思考の進行が遅くなる思考停止や自分がとてもつまらない存在に思えてくる微小妄想が特徴的です。不治の病にかかっているといった妄想に苛まれることもあります。意欲・行為の症状は、何も楽しむことができず、感情が麻痺した状態であり、本人は、やらなければいけないと思うが、億劫でやれないと表現する傾向があります。身体の症状としては、睡眠障害、食欲低下、体重減少、頭痛、疲労感などが多く認められます。

うつ病には妄想が起こってくることがありますが、これを周囲が知っていれば病気のせいだと理解できるの

で支援がより容易になります。罪業妄想、貧困妄想、心気妄想が、うつ病によくみられる妄想です。[8] 罪業妄想とは、「過去の小さな過ちを過大に悔やむ」ことで、「取り返しのつかないことをした、大きな罰を受けなければならない」と思ったりしています。貧困妄想とは、「自分は貧乏でお金がないとか大きな借金をしていると勘違いする」ことで、「支払いをするためには、土地や財産を手放さなければならない」と思っていることがあります。心気妄想とは、「不治の病にかかってしまったと勘違いする」ことで、「もう病気のために助からない」と思っていることが多いのです。

高齢者のうつ病は自殺の危険性が高いにもかかわらず本人が医療機関にかかることをいやがることが多く、また周囲が「年のせい」と取り合わなかったり、認知症と混同したりして適切な治療が受けられないケースがしばしばあるのも問題です。こうした背景から、高齢者のうつを予防するという観点が重要となってきます。高齢者の引きこもりを防止し、生きがいを創造することが、結果的に高齢者の自殺予防にもつながると考えられます。

つまり、自殺予防のみならず、介護予防や健康寿命の延伸、高齢者の生活の質の向上という観点からも、地域に暮らす「うつ」高齢者を早期に発見し、適切な治療とケアを提供し、うつ病そのものを予防していくことが、きわめて重要な意味をもつわけです。

うつ病の予防

高齢者は身体的にも社会的にも、喪失に関連したさまざまなストレスを抱える頻度が高くなることから、うつ状態になりやすいと考えられています。うつ状態が強くなると生活にも影響を与え、身体の健康状態をも左

表 22　うつ症状の評価

症　状	質　問　内　容
1　抑うつ気分	ひどく気分が沈み込んで，憂うつになっているということはありませんか？
2　興味・喜びの消失	生活が楽しめなくなっているということはありませんか？
3　生活リズムの障害	眠れなくなったり，食欲が落ちたりして，生活のリズムが乱れていることはありませんか？
4　自殺念慮の有無	つらくて死にたいという気持ちになっていませんか？

出所：(9)

右してきます。したがって、高齢者のうつ対策は本人のこころの状態を改善することにとどまらず、生活習慣病予防・進展防止、ひいては要支援・要介護高齢者を少なくするためにも重要です。

うつ病の一次予防では、地域全体への普及・啓発を行い、地域住民自らがうつに関する正しい知識をもち、ストレスに適切に対処できるように支援することが求められます。うつ病の一次予防の事業目的は、「うつに対する正しい知識の普及啓発を実施する」、「高齢者の生きがいや孤立予防につながる活動を行い、主体的な健康増進とうつ予防をめざす」、「こころの健康問題に関する相談、うつのスクリーニングおよび受診体制を整備する」ことであり、ポスター・パンフレット・講演会による普及啓発、健康教育、健康教室、健康相談などが行われています[17]。

二次予防は早期発見によって、病気の進行や障害への移行を予防することが目的です。二次予防事業には、うつのアセスメント、個別健康相談、訪問指導、受診勧奨、家族や医療機関との連携などが含まれます。保健師、看護師、社会福祉士、精神保健福祉士等が地域包括支援センターをはじめ、保健所、精神保健福祉センター等と連携しながら、うつの早期発見、個別相談や受診勧奨、治療介入等の適切な支援を行うことが重要であるとされています。二次予防事業の対象者は、表2の基本チェックリストの21～25のうち2つ以上に該当する人と市町村の判断でうつ状態またはうつ傾向のリスクがあると判断した人を対象とします。

二次予防事業の第1段階では、表22のように抑うつ気分、興味・喜びの消失、生活リズムの障害、自殺念慮の有無を評価します。第2段階では、日常活動の支障の程度を評価することが必要とされています。「症状のために、ひどくつらくなったり、日常生活に支障が出たりしていませんか？」と質問して、症状のためにどの程度の支障が出ているかを評価します。支障がない場合は、経過観察とし、本人の許可を得て、1ヶ月後に訪問して状態をチェックします。支障がある場合は医療機関に紹介します。まず、精神科・心療内科といった専門医の受診を勧めます。精神科・心療内科受診に抵抗がある場合は一般診療科の受診、あるいは他の疾患で治療中の場合は、その治療を担当している主治医に相談するよう勧めます。本人の許可を得たうえで、紹介状を作成し対象者に渡し、返信用封筒を同封し、受診結果を返送してもらうようにすれば、受診確認と今後のフォローに生かすことができます。

第3段階はキーパーソンの特定です。「困ったときには、どなたに相談しますか？」と尋ね、キーパーソンを特定します。キーパーソンがいない場合は、民生委員など地域の協力者を探します。キーパーソンがいる場合は、本人の許可を得てキーパーソンや協力者と連携しながら、その後の経過をフォローすることになります。

うつは単に医療機関を受診しただけで解決するものではありません。症状が長期間続くことも多く、改善しても半数以上の人が再発することもわかっています。したがって、市町村は、うつ傾向のある高齢者等に対して、地域包括支援センター、精神保健福祉センターと連携をとりながら、保健所が実施しているこころの健康相談日の紹介や電話相談や家庭訪問等を行ったりするなど、さまざまな支援を行っています。家庭訪問ではじっくり時間をとって保健師等がハイリスク者の話を聴くようにこころがけ、信頼関係を築くことが大切です。

■うつ病高齢者の支援

うつ病の治療としては基本的に薬物療法を行います。精神療法としては本人の訴えを受けとめ、叱咤激励は控えて受容・傾聴することを基本とし、負担感や圧迫感を感じないようにする支持的精神療法が一般的です。認知のゆがみの修正を図り柔軟な思考法を習得させる認知療法がよく行われています。うつ病になりやすい人は起こったことを否定的に受けとめて、落ち込む傾向が強いので、そう思ったときには本当に悪い結果が起きるかどうか確かめるなどの柔軟な考え方ができるように訓練します。また、物事には両面があり、よい面も見つけるようにすることを習慣化してもらうことも有効です。

うつ病の高齢者を支援していくには、エネルギーの補充、適切な居場所、仲間、適切なコミュニケーションが必要です。エネルギーの補充は、食べる、満ち足りる、リラックスできる、よい香りやきれいなものなどの五感の刺激によって得られます。適切な居場所とは、生理的な欲求、安全の欲求、所属の欲求が満たされるところです。うつ病の患者の場合、仲間からの働きかけは主治医やスタッフからの働きかけよりも影響が大きいことがあります。仲間と笑いや喜びが共有できれば孤立感が解消し、抑うつ気分の改善や自尊の要求が満足されます。できたことや嬉しかった体験を何度も話題にして意欲をかき立てていくことが大切です。集団で活動する場合はバックグラウンドミュージックの選曲も重要です。高齢者にとってなじみが深い歌やせせらぎの音などは自分が元気だったときのよいイメージの想起やリラクゼーションにつながるよい働きかけになることが多いと思われます。また、うつ病高齢者とのコミュニケーションでは話を受容的に傾聴することが重要です。ゆっくりしたペースをこころがけ、せかさないで相手が話し終わるまでゆっくり待ちます。相手の不安や焦燥感が強い場合には、小声で相手のペースに合わせると不安感を刺激しません。話をする場合は、高齢者に教えてもらうポジションをとり、自尊感情と自発性が芽生える工夫をします。

うつ状態が悪化したときには周りからの働きかけにはほとんど反応しなくなります。このような重症のうつや自殺企図がある場合には精神科での治療をきちんと受けられるように、入院を検討します。うつが重症の場合には本人の自発的な行動はほとんど認められない状況であり、全面的に保護し居場所を提供する必要があります。生きていくための必要な気力や食欲もなくなっていますので、安心・安全な環境でエネルギーの補充にこころがけます。食べたいという欲求が出てきたら、好きなものを提供することは問題ありませんが、無理強いはしないことが望ましいと思われます。

高齢者のこころの状態を理解するには

高齢者を支援する場合は、認知症やうつ病のあるなしにかかわらず、高齢者のこころの状態を理解することが求められます。高齢者は社会的地位の変化、経済的な問題、体力の衰え、病気や障害の発生などのために不安感、孤独感、疲労感、不眠、ストレスといった心理的な問題を抱えていることが多くなります。心理的な問題を抱えた高齢者に対応する場合、高齢者の状態をよく把握し、受容し、高齢者のペースに合わせて敬意を

表 23　エリクソンの 8 つの発達段階と課題，危機，問題，対応方法

ステージ		課題	危機	問題	対応方法
第 1 段階	乳児期	信頼感	不信	被害的になりやすい	声をかけ，説明をし，介助を行う
第 2 段階	幼児期	自律性	恥	ルールを守れない	ルールを守れるよう支援する
第 3 段階	児童期	自発性	罪悪感	第三者に配慮できない	他の人の存在に気づかせる
第 4 段階	学童期	勤勉性	劣等感	協働作業ができない	協働作業で達成感を味わわせる
第 5 段階	青年期	自我同一性	自我同一性の混乱	自信がない	本人の意思を確かめて支援する
第 6 段階	成人期	親密性	孤独	相手の立場を尊重できない	他者へ配慮ができるよう支援
第 7 段階	壮年期	継承性	停滞	他人への貢献ができない	役割がもてるように支援
第 8 段階	老年期	統合	絶望	自分の人生を受容できない	自分の人生が肯定できるよう支援

出所：(8) を一部著者改変

もって対応することが基本となります。高齢者に身体的、知的衰えに付随して退行も起こっていることもありますので、高齢者のこころを理解し、適切に対応するにはエリクソンの発達段階のモデルが役に立つことを荒木が示しています[8]。

エリクソンは、個人の発達を周囲の環境との相互作用によって起こるものととらえ、乳児期から老年期までの発達をモデルとしています[30]。人は高齢になっても発達し、その段階にいたってはじめてなすべき課題があると考えたのです。表23はエリクソンによる8期の生活周期を示したものです。各発達段階の対人関係における重要な他者と課題および課題が十分に達成されなかったときに生じる心理社会的危機を示しています。

第1段階の課題は「信頼感」をもつことです。人間は周囲にすべてを受け入れてもらえることで「信頼感」をもつことができます。これが達成されないところには「不信」が芽生えてしまいます。人を信用できないと感じている高齢者は、他人の好意を感じとることができずに被害的に感じてしまいがちです。被害的に感じやすい高齢者の課題が「信頼感」をもつことであるとわかれば、支援方法も変わってきます。このような高齢者には不用意に近づきすぎないように気をつけます。相手に近づくときは、「〇〇さん、今からトイレに行きましょうね」と声をかけると安心感が得られます。そして丁寧にトイレ介助をしてもらうことによって、不信感が解けていきます。すなわち、やさしく声をかけ、説明をされたことがそのとおりになることによって「信頼感」がもたらされるのです。

第2段階の課題は「自律性」です。自分を律することができないと周りと仲良く暮らすための基本的なルールを守れない状態になります。それが自覚されないことは「恥ずかしい」という状況ですが、高齢者によってはそのように感じることができない場合も多いのです。そのための支援は、高齢者に対して批判せず、本人にどうしたらいいかを説明し、うまく対応できたら感謝の気持ちを伝えてその行動を強化することが望ましいと思われます。

第3段階の課題は「自発性」です。「自発性」というのは自分の意思で行動や発言をすることです。高齢者も自発的に行動や発言ができることによって生活の質も向上しますが、第三者に配慮できなければ、自発的に行動することは許容されにくい状況になります。そのような状況では、自発的に行動や発言することに「罪悪感」を感じることがあります。「自発性」を発揮できるように、スタッフは高齢者が他人に配慮した言動ができるように支援する必要があります。

第４段階の課題は「勤勉性」です。最後まで粘り強く努力を重ねることで人は達成感を得られ、そのことによってこころの豊かさを育みます。しかし、高齢者によっては根気強く作業を続けることができずに、「劣等感」に苦しんでいる場合もあります。「劣等感」の強い高齢者に対しては、皆で協力して何かをつくりあげて達成する体験やそれにともなう喜びを味わうことが重要です。デイサービスなどで、料理など他の高齢者との協働作業を通じて達成感が得られるような働きかけを行います。

第5段階の課題は「自我同一性」です。自分が自分らしくありながら、社会生活ができる状態です。「自我同一性の混乱」の状態とは、自信がないために自分の言動に責任をもてない状態です。このような場合は、周囲は本人の意思をできるだけ尊重することが求められますが、自分の意思を明確にできない高齢者は少なくありません。周りは本人の気持ちを慮って、その気持ちを言葉で確かめて支援していく必要があります。

第6段階の課題は「親密性」です。他人と親密で自立した関係がもてることです。他人との関係性では自分が相手を支配する立場になっても、服従する立場になっても親しい関係は築けません。お互いの立場を尊重しながら親しい関係を築くことが鍵であり、それができなければ「孤独」を感じることになります。お互いの立場を尊重する習慣のない高齢者は、自分に注目や関心が集中しているときだけ機嫌がよく、自己中心的で自分の我を通そうとする傾向があります。他者への配慮ができたときは感謝の意を伝えて生活習慣の改善を強化します。

第7段階の課題は「継承性」です。自分の役割を次の世代に引き継いでいく役割です。その役割を見いだして周りのために貢献ができない場合には「停滞」が生じます。高齢者も他者に貢献できるような役割をもてるように配慮することが求められます。

人生における最後の課題は「統合」です。よいことも辛いこともあった自分の人生を肯定できることが課題となります。これがうまくいかないと自分の人生に何もよいことがなかったと「絶望」する状態になります。このような状況にある高齢者には、自分が人生において果たしてきた役割を思い出してもらって、人生を少しでも肯定できるように支援を行うことが望まれます。人間は生かされている存在です。周りが提供してくれる援助や配慮に、また毎日食べることができることにも感謝できるような支援をすることも大切です。食事のたびにこころから「いただきます」や「ご馳走様」と感謝する機会を提供することも、高齢者にとって「統合」を行うための重要な機会を提供することになると思われます。

すべての人にとって人生はかけがえのないものです。そして、自分と深い関係にあった人の人生もかけがえのないものです。人生においては、「幸せで統合できた状態」で最期を迎えたいものであると思います。人間は高齢になれば病気や障害をもつリスクが高くなります。そのような状態では、環境が支援的であるかどうかが決定的な影響を与えます。「高齢者健康コミュニティ」は、「高齢者が幸せで統合できた状態で暮らせるためのシステム」なのです。

引用参照文献

（１）N. Wallenstein, "Powerlessness, empowerment, and health : Implications for health promotion programs," *American Journal of Health Promotion*, 6 : 197–205, 1992.
（２）馬場園明『脱・メタボリックシンドロームのための健康支援』中央法規出版、２００８年
（３）I. Ajen, "From intensions to actions : a theory of planned behavior," in J. Kuhl, J. Beckmann（eds）, *Action control : from cognition to behavior*, pp. 11–39, Springer, 1985.
（４）I. Ajen, *Attitudes, personality, and behavior*, pp. 112-145, The Dorsey Press, 1988.
（５）J. O. Prochaska, C. C. DiClemente, "Stages and processes of self-change of smoking : toward an Integrative model of change,"

Journal of Consulting and Clinical Psychology, 51 (3): 390-395, 1983.
（6）I. M. Rosenock, "Historical origins of the helth belief model," *Health Education Monographs*, 2 (4): 328-335, 1974.
（7）A. Bandura, "Theoretical perspectives," in A. Bandura, *Self-efficacy : the exercise of control*, WH Freeman Company, 1977.
（8）馬場園明編著、荒木登茂子・桑原一彰・花田輝代・山田康子『介護予防のための栄養指導・栄養支援ハンドブック』化学同人、２００９年
（9）介護予防マニュアル改訂委員会「介護予防マニュアル改訂版」（平成23年度老人保健事業推進費等補助金（老人保健健康増進等事業分）介護予防事業の指針策定に係る調査研究事業）、２０１２年
（10）厚生労働統計協会『厚生の指標　増刊　国民衛生の動向　２０１２／２０１３』、２０１２年
（11）金憲経・吉田英世・東京都高齢者研究福祉振興財団『ビジュアル版介護予防マニュアル２　楽しく続ける転倒予防体操のアクティビティ』ひかりのくに、２００６年
（12）公益社団法人　北海道理学療法士会　道東支部社会部「転倒予防マニュアル」、２０１１年
（13）佐竹恵治・竹村慎二・金澤奈緒美・田頭正一『介護予防のための運動器の機能向上マニュアル』建帛社、２００６年
（14）細谷憲政監修『高齢者の栄養管理』日本医療企画、２００５年
（15）清水徹男「高齢者の睡眠障害」、『日本老年医学会誌』42巻1号、２００５年、1～8頁
（16）厚生労働省　精神神経疾患研究委託費「睡眠障害の診断・治療ガイドライン作成とその実証的研究班」（平成13年度研究報告書）、２００１年
（17）S. Nakamura, M. Shigeta, M. Iwamoto, N. Tsuno, R. Niina, A. Homma, Y. Kawamuro, "Prevalence and predominance of Alzheimer type dementia in rural Japan," *Psychogeriatrics*, 3: 97-103, 2003.
（18）T. Yoshitake, Y. Kiyohara, I. Kato, T. Ohmura, H. Iwamoto, K. Nakayama, S. Ohmori, K. Nomiyama, H. Kawano, K. Ueda, *et al.*, "Incidence and risk factors of vascular dementia and Alzheimer's disease in a defined elderly Japanese population : the Hisayama Study," *Neurology*, 1995 Jun 45(6) : 1161-1168.
（19）K. Meguro, H. Ishii, S. Yamaguchi, *et al.*, "Prevalence of dementia and dementing disease: The Tajiri Project," *Arch Neurol*, 59 : 1109-1114, 2002.
（20）厚生労働省「認知症予防・支援マニュアル」分担研究班「認知症予防・支援マニュアル」（改訂版）、２００９年
（21）American Psychiatric Association『ＤＳＭ-Ⅳ-ＴＲ精神疾患の分類と診断の手引』医学書院、２００３年
（22）ベンジャミン・J・サドック、バージニア・A・サドック／井上令一・四宮滋子訳『カプラン臨床精神医学テキスト――ＤＳ

M-Ⅳ-TR診断基準の臨床への展開——』（第2版）メディカルサイエンスインターナショナル、２００４年

（23）D. Laurin, R. Verreault, J. Lindsay, K. MacPherson, K. Rockwood, "Physical activity and risk of cognitive impairment and dementia in elderly persons," *Arch Neurol*, 2001 Mar 58（3）: 498-504.

（24）J. Verghese, R. B. Lipton, *et al.*, "Leisure activities and the risk of dementia in the elderly," *N Engl J Med*, 348(25) : 2508-2516, 2003.

（25）R. S. Wilson, C. F. Mendes de Leon, *et al.*, "Participation in cognitively stimulating activities and risk of incident Alzheimer disease." *JAMA*, 287(6) : 742-748, 2002.

（26）R. S. Wilson, P. A. Scherr, J. A. Schneider, *et al.*, "Relation of cognitive activity to risk of developing Alzheimer disease," *Neurology*, 69(20) : 1911-1920, 2007.

（27）日本生物学的精神医学会・日本うつ病学会・日本心身医学会「うつ病対策の総合的提言」（日本生物学的精神医学会誌　別刷）、２０１０年

（28）厚生労働省「平成23年（２０１１）人口動態統計（確定数）の概況」、２０１２年　http://www.mhlw.go.jp/toukei/saikin/hw/jinkou/kakutei11/

（29）融道男・小見山実・大久保善朗・中根允文・岡崎祐士監訳『ＩＣＤ-10精神および行動の障害——臨床記述と診断ガイドライン——』医学書院、２００５年

（30）Ｅ・Ｈ・エリクソン／小此木啓吾訳編『自我同一性——アイデンティティとライフ・サイクル——』誠信書房、１９７３年

おわりに

本書のテーマである「高齢者健康コミュニティ」のアイデアが生まれたのは、１９９２年、エリクソンシニアリビングCEOのジョン・エリクソン氏と出会ったことから始まります。そのとき、エリクソン氏からＣＣＲＣの経営・管理について教えてもらう幸運を得ました。

エリクソン氏が10年かけてつくりあげたチャールズタウンのＣＣＲＣは、米国でもはじめて入居一時金の１００％返還という画期的なコンセプトを掲げ、医療・介護・生活サービスを包括的に提供するものでした。このアイデアは、エリクソン氏がフロリダで比較的若い高齢者夫婦が住む、退職後の生活を楽しむためのレジャーワールドを経営していた際に、思いついたものです。元気なうちは医療・介護の支援はほとんどいらないが、75歳を超え80歳になり、夫婦のどちらかが残され、医療・介護が必要になったときのサービス付きの住まいが、米国では富裕層以外の高齢者に利用できるようにはなっていないことに気づいたそうです。

そうした折に、友人から、メリーランド州のボルチモア市で大学が廃校になり、売りに出ているとの情報が入り、訪問したのがエリクソン氏のチャールズタウンとのはじめての出会いであったそうです。そこで、新しいＣＣＲＣをつくるアイデアとして、入居一時金の１００％返還という仕組みをつくりました。この新しいアイデアによって、米国でも富裕層しか入居できなかったＣＣＲＣを、多くの高齢者が利用できるものに変えることになりました。

チャールズタウンのＣＣＲＣは継続したケアを提供するために、最終的に「自立型住まい」が１５７０室、

「支援型住まい」が132室、「介護型住まい」が270室あり、医療センターには医師が3名常駐し、看護チームとともに入居者の健康管理、疾病管理を徹底していました。そこに入居し、生活するための費用は、入居一時金と月額利用料金でした。「自立型住まい」が中心で、たとえば45㎡の居室で、入居一時金が1000万円、月料金が11万円程度でした。しかも、退去すれば入居一時金は1000万円（100％）が親族に返還されることには驚愕しました。その後、2005年、2007年に再度訪米し、エリクソンシニアリビングを中心に米国のCCRCについて、日本へどうやってその仕組みを導入すべきかを研究してきました。

日本の文化や風土、制度にマッチした「高齢者健康コミュニティ」を構築していくにあたって、日本人の認識に問題がありました。まず、日本では1989年のゴールドプランから、介護を必要とする高齢者へ特別養護老人ホームを中心とする介護施設（「介護型住まい」）をつくることが優先され、疾病・障害予防サービスを行う「自立型住まい」の重要性が国民に意識されていませんでした。次の問題としては、自立を維持するための「支援型住まい」というシステムが日本にはないために、「自立型住まい」から「支援型住まい」に移行して、可能なかぎり自立して生活するという概念がありませんでした。一方、それらの問題を解決していくうえでは、①継続したケアの提供、②経営の安定性、③中間層が利用できる入居一時金の返還システムの構築という3つの課題がありました。そして、20年の月日がかかったわけですが、ようやくこれらの3つの課題を解決していくモデルが完成しました。

そして、「高齢者健康コミュニティ」の理念を、「高齢者が自分の人生を前向きに肯定して統合することを支援すること」とし、「本人の意思の尊重」、「残存機能を活用した自立支援」、「生活とケアの連続性の維持」を高齢者健康コミュニティの三大原則とすることになりました。また、理念が実現できるように「疾病や障害の予防の支援」や「こころのケア」に、「ホームベース型健康支援」を用いることを特徴としました。

米国にはCCRCを含め、「自立型住まい」と「支援型住まい」が約200万室ありますが、日本には富裕層を対象とした「自立型住まい」がわずか8万5000室程度あるだけです。いまや、団塊の世代が65歳以上高齢者になっており、10年後、彼らが医療・介護の支援を受ける可能性が高くなる後期高齢者になる2025年までに、日本においても疾病・障害予防サービスを行う「自立型住まい」が必要となってきています。そこで、私たちが提案する「高齢者健康コミュニティ」が、高齢者の最終ステージを心豊かに暮らすためのひとつの選択肢になることを願います。

最後になりましたが、本書の出版にあたり、多くの方にご協力いただきました。特にCCRCを研究していくなかで、ケーススタディを通して貴重なご助言をいただいた、医療法人玉昌会の髙田昌実先生、株式会社JOYの髙田和美オーナー、医療法人豊資会の加野資典先生、社会福祉法人豊資会の加野豊子理事長、医療法人梶原内科医院の梶原健伯先生、医療法人竜門堂の下村徹郎先生、医療法人健成会の鹿子生健一先生、NPO法人健脳リハビリテーションの鹿子生寛子代表、そして、エリクソンシニアリビングのジョン・エリクソン氏にこころから感謝の意を表します。

2014年5月

窪田昌行

著者紹介

馬場園　明（ばばぞの　あきら）

1959年生まれ。1984年九州大学医学部卒業，1990年岡山大学医学研究科社会医学系衛生学修了（医学博士）。1993年ペンシルバニア大学大学院修士課程修了（臨床疫学修士）。岡山大学医学部講師，1994年九州大学健康科学センター助教授を経て，2005年より九州大学大学院医学研究院医療経営・管理学講座教授。著書に『介護福祉経営士テキスト 実践編Ⅱ 2 介護福祉マーケティングと経営戦略――エリアとニーズのとらえ方――』（日本医療企画，2012年），『介護予防のための栄養指導・栄養支援ハンドブック』（共著，化学同人，2009年），『脱・メタボリックシンドロームのための健康支援』（中央法規出版，2008年），『現代のエスプリ（No.440）』（共著，至文堂，2004年）等がある。

窪田昌行（くぼた　まさゆき）

1954年生まれ。1979年九州大学工学部卒業，1981年同大学院修士課程修了。1993年ペンシルバニア大学ビジネススクール修了（MBA）。2000年岡山大学医学研究科社会医学系衛生学（医学博士）。建設会社で病院の企画・計画を担当，経営コンサルティング会社では高齢者施設の研究・経営指導を行う。2006年産学連携「医療福祉経営マーケティング研究会」事務局長。2014年，日本型CCRCを普及するためにNPO法人高齢者健康コミュニティを設立，理事長を務める。㈱CCRC研究所代表，㈱プラスネット取締役。著書に『複合機能型シニア住宅の事業収支構造』（共著，綜合ユニコム，2009年），『病医院の事業多角化戦略モデルプラン集』（共著，綜合ユニコム，2007年）等がある。

地域包括ケアを実現する高齢者健康コミュニティ
——いつまでも自分らしく生きる新しい老いのかたち——

2014年6月20日　初版発行

著　者　馬場園　明
　　　　窪田　昌行

発行者　五十川直行

発行所　一般財団法人　九州大学出版会
〒812-0053　福岡市東区箱崎7-1-146
九州大学構内
電話　092-641-0515(直通)
URL　http://kup.or.jp/
印刷・製本／大同印刷㈱

© Akira Babazono, Masayuki Kubota, 2014
ISBN978-4-7985-0132-1

自治体病院の経営改革

——原則と実践——

齋藤貴生

我が国の自治体病院は医療崩壊の危機に瀕しており，医療政策など外部からの改革とともに医療経営の向上による内部からの改革が求められている。臨床医の経験を持ち，各地の自治体病院経営にも携わってきた著者が，経営戦略論に基づく病院経営改革の様々な実践例を報告するとともに，医療経営全般にも提言を行う。病院経営者・行政関係者必読の書。

四六判・264頁・1,800円・ISBN 978-4-7985-0079-9

高齢者医療ハンドブック

時政孝行 編著

高齢者が罹りやすい疾患を，脳卒中の基礎疾患と合併症という切り口からまとめたものである。脳卒中後を4つの病期（急性・亜急性期，回復期，維持期，在宅療養期）に分けた場合，主として回復期から維持期にかかわる病態生理や治療のポイントがわかる。「なぜこうなる？」「どうしてこうする？」など貴重な情報も満載。

B6判・128頁・1,600円・ISBN 978-4-87378-947-7

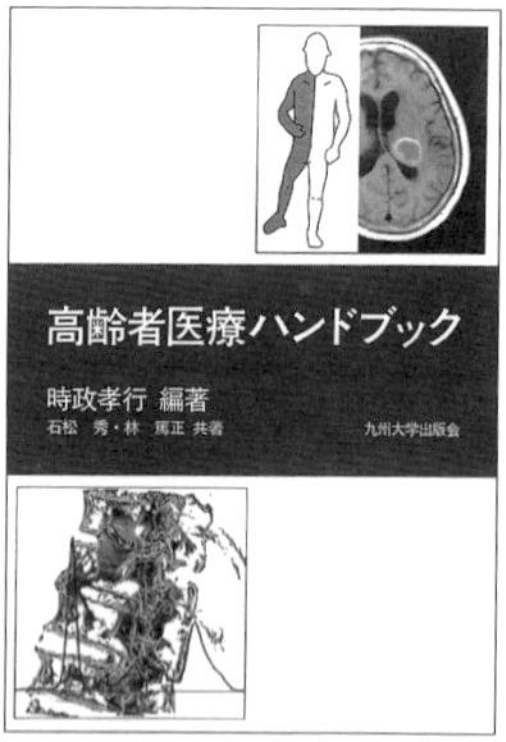

患者と家族のための
医学ライブラリ

2014年秋より刊行開始！

医療や看護の専門家が正しい知識をわかりやすく解説し，患者やその家族となりうるすべての人々をサポートする医学ライブラリシリーズ。2014年秋より刊行を開始し，今後も年3冊程度の刊行を計画。

1　薬との上手なつきあい方（仮題）
2　こども病院のすべて（仮題）
3　こどもの病気や障がいと向きあう（仮題）

四六判・予価 各1,800円

（価格は税別）

九州大学出版会